Inhaltsverzeichnis

C   Musterbriefe zur Abwicklung eines Kaufvertrages

D   Schriftverkehr bei Bewerbungen

E   Elektronischer Schriftverkehr

F   Situationsaufgaben zur Prüfungsvorbereitung

Wir wollen Ihnen das Lesen nicht durch Doppelbezeichnungen (z. B. Absender/
Absenderin) erschweren. Deshalb wechseln wir bewusst zwischen weiblichen und
männlichen Formen. In allen Fällen ist die jeweils andere Geschlechtsgruppe in gleicher
Weise angesprochen.

A   Schriftverkehr als Form der Kommunikation

Im geschäftlichen Alltag und im Privatleben tauscht man täglich zahlreiche Informationen mit anderen Personen aus. Dieser Nachrichtenaustausch zwischen einem Sender (Sprecher, Schreiber) und einem **Empfänger** (Hörer, Leser) wird als **Kommunikation** bezeichnet.

Die Kommunikation erfolgt in erster Linie mithilfe der Sprache. Dabei sind verschiedene Formen zu unterscheiden.

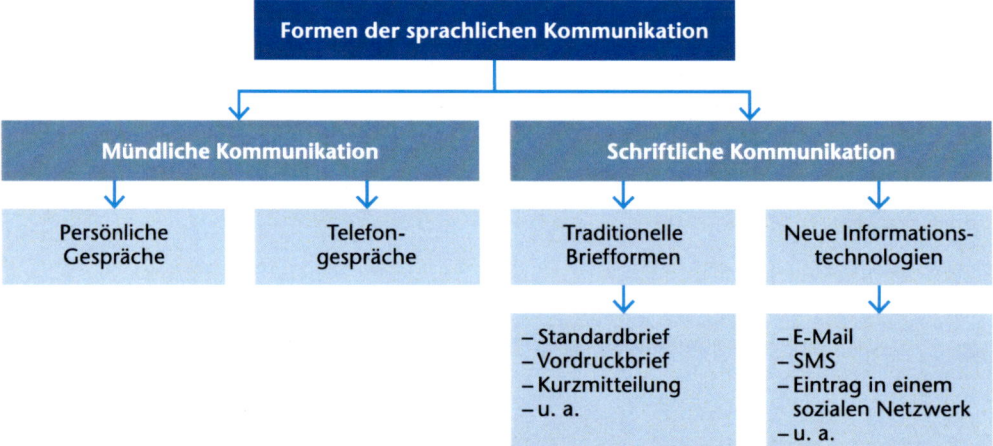

Der Informationsaustausch mithilfe von ausführlichen Briefen ist in der Regel mit hohen Kosten verbunden. Oft ist es am wirtschaftlichsten, Mitteilungen an einen Empfänger telefonisch durchzugeben oder rationelle Briefformen (zum Beispiel Kurzmitteilungen, Vordruckbriefe) einzusetzen.

In bestimmten Situationen wird jedoch die individuell abgefasste schriftliche Mitteilung vorzuziehen sein. Dies gilt unabhängig davon, ob der Brieftext traditionell als Standardbrief oder virtuell als E-Mail versendet wird. So kann man in einem persönlich verfassten Text die eigenen Interessen nachhaltiger darstellen. Außerdem ist es nicht selten wichtig, aus Beweisgründen über ein aussagekräftiges Dokument zu verfügen.

Deshalb wird auch die Weiterentwicklung der Informationstechnologien die Kompetenz, schriftliche Mitteilungen verfassen zu können, nicht überflüssig machen.

1 Briefarten

In Abhängigkeit vom Verhältnis der Briefpartner zueinander sind verschiedene Briefarten zu unterscheiden.

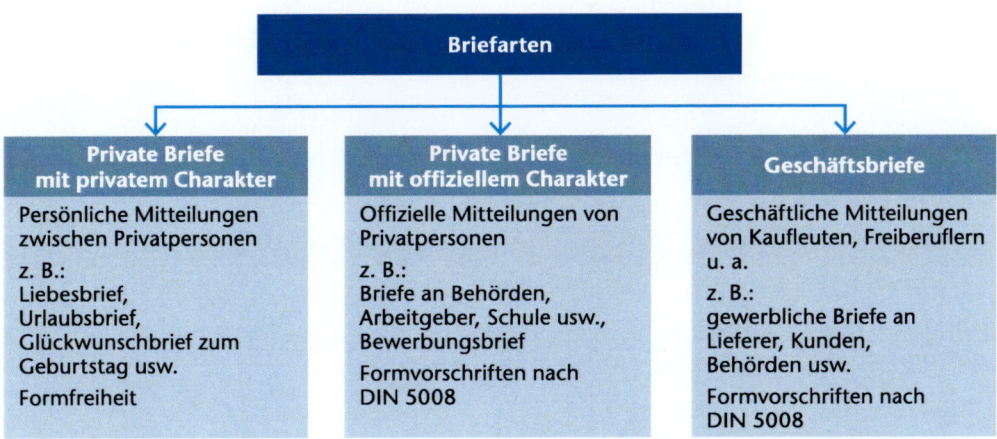

Briefarten

Private Briefe mit privatem Charakter	Private Briefe mit offiziellem Charakter	Geschäftsbriefe
Persönliche Mitteilungen zwischen Privatpersonen	Offizielle Mitteilungen von Privatpersonen	Geschäftliche Mitteilungen von Kaufleuten, Freiberuflern u. a.
z. B.: Liebesbrief, Urlaubsbrief, Glückwunschbrief zum Geburtstag usw.	z. B.: Briefe an Behörden, Arbeitgeber, Schule usw., Bewerbungsbrief	z. B.: gewerbliche Briefe an Lieferer, Kunden, Behörden usw.
Formfreiheit	Formvorschriften nach DIN 5008	Formvorschriften nach DIN 5008

2   **3** als „magische Zahl" der Briefgestaltung

Die Anfertigung eines Geschäftsbriefes stellt eine äußerst anspruchsvolle Aufgabe dar. Aus diesem Grund muss man sich der grundlegenden Systematik beim Schreiben eines Geschäftsbriefes bewusst werden. Nur dann kann man entsprechend planvoll vorgehen.

3 In diesem Zusammenhang ist es hilfreich, sich beim Schreiben eines Geschäftsbriefes an einem **3**er-Modell zu orientieren.

3 So sind bei der Anfertigung eines Geschäftsbriefes **3 Gestaltungsbereiche** zu beachten:

Form des Briefes	Inhalt des Briefes	Sprache des Briefes

3 Die Produktion des Brieftextes erfolgt in **3 Arbeitsschritten**:

Stoffsammlung	Gliederung	Ausführung

3 Der eigentliche Brieftext weist **3 Grundabschnitte** auf:

Einleitung	Hauptteil	Schluss

3 **3** Gesichtspunkte sind bei der sprachlichen Gestaltung des Brieftextes im Wesentlichen zu berücksichtigen:

Stilistik	Rechtschreibung	Grammatik

3 Die Zahl **3** wird somit zur Gedächtnisstütze, die in den verschiedenen Arbeitsphasen an die grundsätzlichen Punkte erinnert.

In den folgenden Kapiteln erscheint deshalb die **3** an den entsprechenden Stellen.

B   Anfertigung eines Geschäftsbriefes

Im Folgenden werden die drei Gestaltungsbereiche, die bei der Anfertigung eines Geschäftsbriefes zu beachten sind, nacheinander dargestellt.

3 | **Form des Briefes** | **Inhalt des Briefes** | **Sprache des Briefes**

1   Formale Gestaltung des Briefes

1.1   Normierung der Vordrucke

Die Bürodesign GmbH hat sich auf die Einrichtung von Büro-, Konferenz- und Schulungsräumen spezialisiert. Als mittelständisches Unternehmen unterhält sie vielfältige Kontakte zu Kunden und Lieferern. Die Zentrale für diese Kommunikation ist ein professionell eingerichtetes Postoffice.

Von hier werden alle eingehenden Informationen an die entsprechenden Abteilungen weitergeleitet, seien es Sendungen in Papierform oder elektronische Mitteilungen an die Mailadresse info@buerodesign.gmbh.de. Aber auch die Ausgangspost wird hier für den Versand vorbereitet. Als Auszubildender zum Kaufmann für Büromanagement werden Sie entsprechend dem betrieblichen Ausbildungsplan auch in diesem Postoffice ausgebildet. Sie sind überrascht über die Vielzahl von Sendungen, die täglich per traditioneller oder elektronischer Post ein- und ausgehen.

Poststellenausstattung: Postmöbel und Maschinen der Firma Neopost

Arbeitsaufträge

1. Erstellen Sie eine Liste der Kosten, die beim Anfertigen eines Geschäftsbriefes entstehen.

2. Vergleichen Sie die äußere Gestaltung von fünf Geschäftsbriefen verschiedener Absender. Beschreiben Sie auffällige Gemeinsamkeiten hinsichtlich der formalen Gestaltung dieser Briefe. Welche Vorteile sind mit den festgestellten formalen Gemeinsamkeiten verbunden?

„Kleider machen Leute." Auf die Anfertigung eines Geschäftsbriefes übertragen bedeutet das: Die Textpräsentation muss wirksam und wirtschaftlich sein, das heißt, der Leser muss den Inhalt schnell und sicher zur Kenntnis nehmen können.

Briefbearbeitung

Postzustellerin

Die Anfertigung und die Bearbeitung von Geschäftsbriefen verursachen hohe Kosten. Eine **einheitliche formale Gestaltung** soll deshalb die Übersichtlichkeit erhöhen, die Bearbeitung erleichtern und den Einsatz automatisierter Posteingangssysteme ermöglichen.

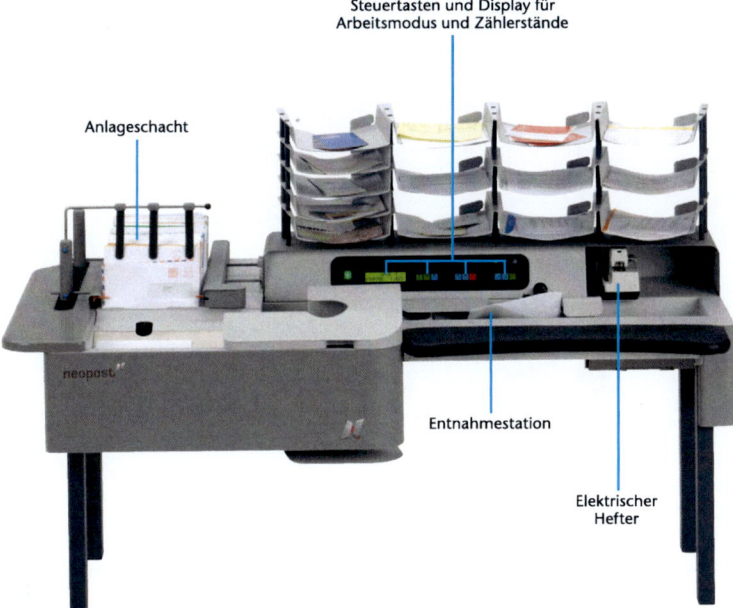

Posteingangssystem IM-75 der Neopost GmbH

Solche vereinheitlichenden Festlegungen heißen Normen. Sie werden vom „**Deutschen Institut für Normung e. V.**" (DIN) herausgegeben und verwaltet. Für den Schriftverkehr sind insbesondere folgende Normen von Bedeutung:

1. Papierformate und Briefhüllen	DIN EN ISO 216
2. Geschäftsvordrucke, z. B. Lieferschein/Rechnung	DIN 4991
3. Schreib- und Gestaltungsregeln für die Textverarbeitung	DIN 5008

1.1.1 Papierformate

Die Papierformate sind in der Norm DIN EN ISO 216 festgelegt. Es werden die Formatreihen A und B unterschieden. Das Ausgangsformat der A-Reihe ist A0 mit den Seitenmaßen 841 x 1189 mm. Das nächstkleinere Format entsteht immer durch Halbieren der längeren Seite.

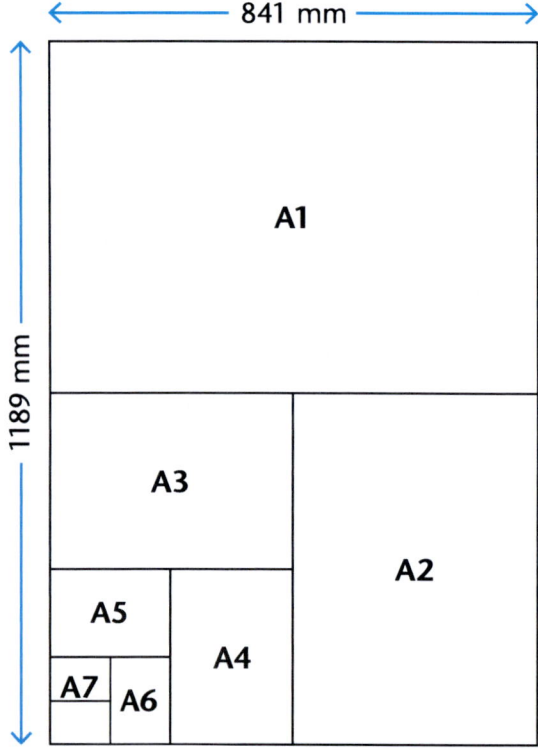

Format A0

Für Geschäftsbriefe wird in der Regel das Format A4 (210 x 297 mm) verwendet.

1.1.2 Gestaltung von Briefvordrucken und -vorlagen

Die Gestaltung der Vorlage für einen Geschäftsbrief wird in Abschnitt 16 der DIN 5008 vereinheitlicht. Für den Geschäftsbrief im Format A4 stehen zwei Formen zur Verfügung:
- Form A (hochgestelltes Anschriftfeld),
- Form B (tiefgestelltes Anschriftfeld).

In Abhängigkeit von der Positionierung des Anschriftfeldes ist bei der Form A der Raum für den Briefkopf 27 mm, bei der Form B 45 mm groß (jeweils gemessen von der Oberkante des Blattes).

In der Praxis herrscht die Form B vor. Sie wird deshalb auch in diesem Buch zugrunde gelegt.

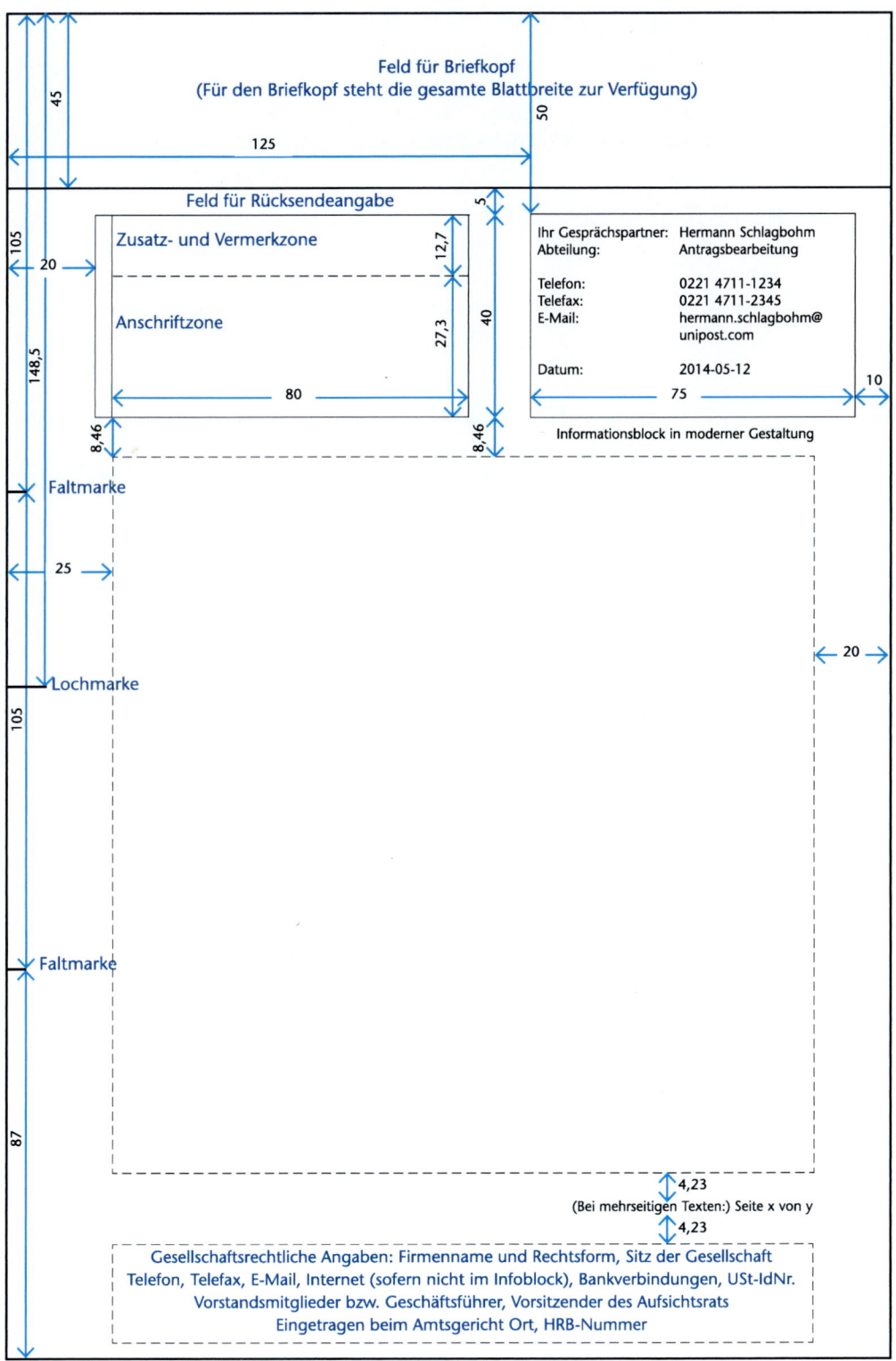

Feld für Briefkopf
(Für den Briefkopf steht die gesamte Blattbreite zur Verfügung)

45

125

50

Feld für Rücksendeangabe

5

105

20

Zusatz- und Vermerkzone

12,7

Anschriftzone

27,3

40

148,5

80

8,46

8,46

Ihr Gesprächspartner: Hermann Schlagbohm
Abteilung: Antragsbearbeitung

Telefon: 0221 4711-1234
Telefax: 0221 4711-2345
E-Mail: hermann.schlagbohm@
                       unipost.com

Datum: 2014-05-12

75

10

Informationsblock in moderner Gestaltung

Faltmarke

25

Lochmarke

105

20

Faltmarke

87

4,23

(Bei mehrseitigen Texten:) Seite x von y

4,23

Gesellschaftsrechtliche Angaben: Firmenname und Rechtsform, Sitz der Gesellschaft
Telefon, Telefax, E-Mail, Internet (sofern nicht im Infoblock), Bankverbindungen, USt-IdNr.
Vorstandsmitglieder bzw. Geschäftsführer, Vorsitzender des Aufsichtsrats
Eingetragen beim Amtsgericht Ort, HRB-Nummer

1.1.3 Formate von Briefhüllen

Neben der A-Reihe für Schreib- und Druckpapier gibt es für Briefhüllen die Zusatzreihen B, C und E. Dabei gelten für das Kuvertieren folgende Grundsätze:
- A passt in C, z. B. A6 (Postkarte) in C6 (Briefhülle),
- C passt in B, z. B. C6 (Briefhülle) in B6 (Briefhülle).

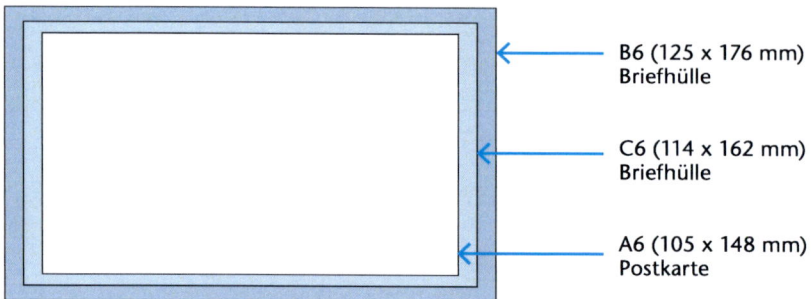

B6 (125 x 176 mm)
Briefhülle

C6 (114 x 162 mm)
Briefhülle

A6 (105 x 148 mm)
Postkarte

Die folgende Tabelle informiert über die gebräuchlichsten Briefhüllenformate mit den jeweiligen Einlagenformaten.

Briefhüllenformat		Einlagenformat	
Kurzzeichen	Abmessung (mm)	Kurzzeichen	Abmessung (mm)
C6	114 x 162	A6	105 x 148
C5	162 x 229	A5	148 x 210
C4	229 x 324	A4	210 x 297
B6	125 x 176	C6	114 x 162
B5	176 x 250	C5	162 x 229
B4	250 x 353	C4	229 x 324
E4	280 x 400	B4	250 x 353

Um Portokosten zu sparen, werden Geschäftsbriefe im Format A4 in der Regel gefaltet. In der Geschäftspraxis herrscht dabei die zweimalige Querfaltung (Zickzack- oder Wickelfaltung) vor. Für diese beiden Falzarten sieht der Briefvordruck entsprechende Faltmarken am linken Blattrand vor (vgl. Seite 11). Dies erleichtert das Falten von Hand. Für den Versand stehen zwei Briefhüllen im Langformat zur Verfügung.

Briefhüllenformat		Einlagenformat	
Kurzzeichen	Abmessung (mm)	Kurzzeichen	Abmessung (mm)
C6/C5	114 x 229	1/3 A4 quer	105 x 210
DL	110 x 220	1/3 A4 quer	105 x 210

1.1.4 Falzarten

Die Verwendung von Fensterbriefhüllen erübrigt ein Beschriften der Briefhüllen. Die Briefhüllenformate C6, C5, C4 und die Langformate C6/C5, DL stehen auch als Fensterbriefhüllen zur Verfügung.

Gebräuchliche Falzarten:

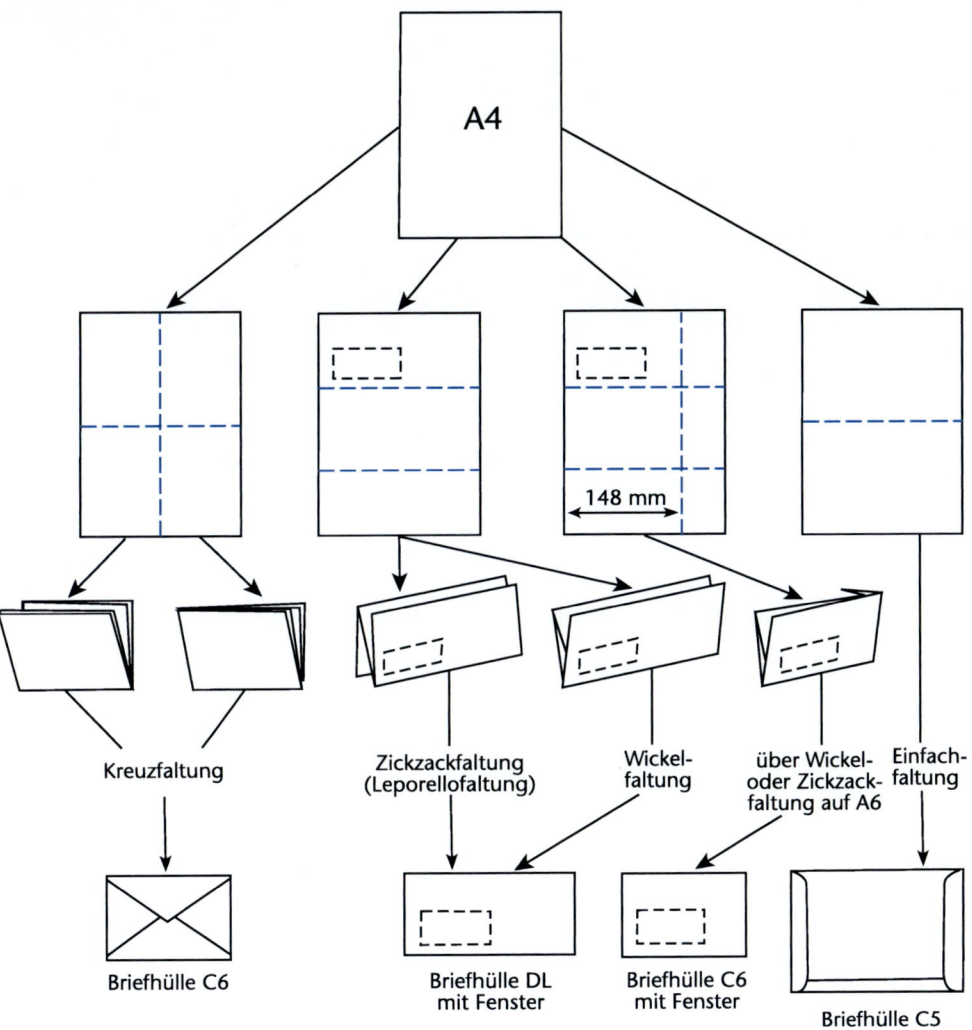

Die folgende Abbildung zeigt die Zickzackfaltung für die anschließende Versendung des Schriftstücks in einer Fensterbriefhülle DL.

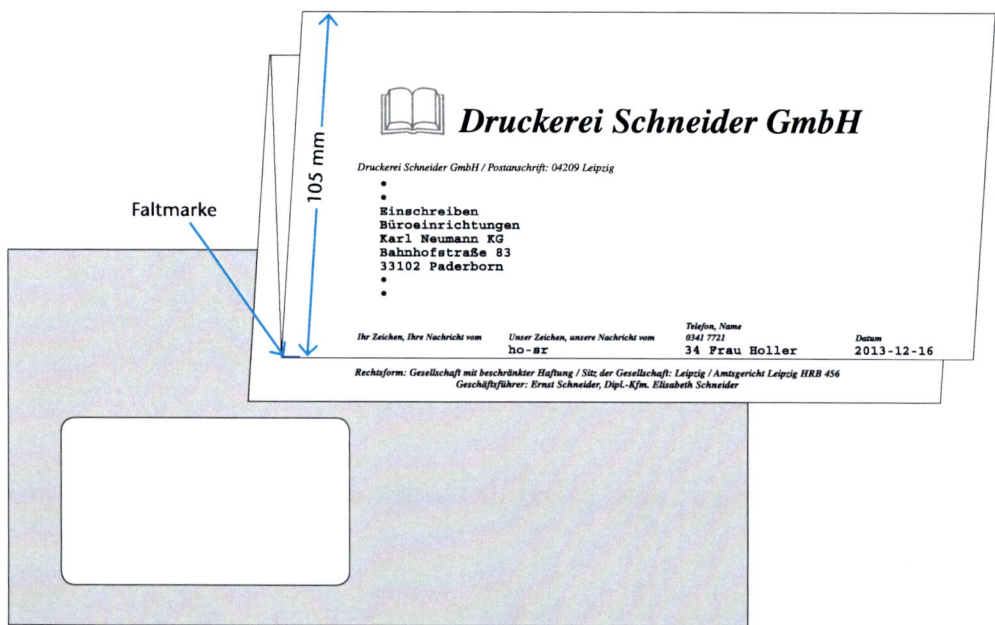

Faltmarke

105 mm

Druckerei Schneider GmbH

Druckerei Schneider GmbH / Postanschrift: 04209 Leipzig

Einschreiben
Büroeinrichtungen
Karl Neumann KG
Bahnhofstraße 83
33102 Paderborn

Ihr Zeichen, Ihre Nachricht vom   Unser Zeichen, unsere Nachricht vom   Telefon, Name / 0341 7721   Datum
ho-sr   34 Frau Holler   2013-12-16

Rechtsform: Gesellschaft mit beschränkter Haftung / Sitz der Gesellschaft: Leipzig / Amtsgericht Leipzig HRB 456
Geschäftsführer: Ernst Schneider, Dipl.-Kfm. Elisabeth Schneider

Zusammenfassung

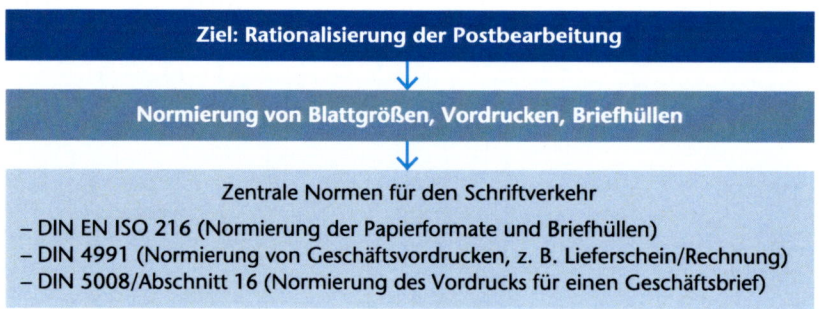

Ziel: Rationalisierung der Postbearbeitung

Normierung von Blattgrößen, Vordrucken, Briefhüllen

Zentrale Normen für den Schriftverkehr
– DIN EN ISO 216 (Normierung der Papierformate und Briefhüllen)
– DIN 4991 (Normierung von Geschäftsvordrucken, z. B. Lieferschein/Rechnung)
– DIN 5008/Abschnitt 16 (Normierung des Vordrucks für einen Geschäftsbrief)

Übungen

1. *Erläutern Sie, warum es sinnvoll ist, die formale Gestaltung von Geschäftsbriefen zu vereinheitlichen. Vergleichen Sie die Vordrucke (oder Vorlagen des Textverarbeitungsprogramms), die Sie in Ihrem (Ausbildungs-)Betrieb für die Geschäftspost verwenden mit dem Vordruck auf Seite 11. Welche Gemeinsamkeiten und Unterschiede in der Form sind feststellbar? Welche Gründe gibt es für diese Unterschiede? Sollten Ihre Vordrucke bzw. Vorlagen für die Geschäftspost nach Ihrer Meinung überarbeitet werden? Machen Sie gegebenenfalls Änderungsvorschläge.*

2. *Für Geschäftsbriefe werden in der Regel Briefblätter im Format A4 verwendet. Erklären Sie die Struktur der A-Reihe (DIN EN ISO 216).*

3. *Nennen Sie die Normen des Deutschen Instituts für Normung e. V., die für den Schriftverkehr bedeutsam sind. Erklären Sie, was in diesen Normen jeweils festgelegt wird.*

4. *Falten Sie ein Papierblatt im Format DIN A4. Setzen Sie nacheinander die verschiedenen Falzarten ein.*

1.2 Schreib- und Gestaltungsregeln für die Textverarbeitung (DIN 5008)

Im Sekretariat einer Berufsschule geht folgendes Schreiben ein:

Entschuldigen Sie bitte, dass ich gestern nicht zur Berufsschule kommen konnte. Aufgrund einer starken Grippe musste ich auf Anweisung meines Hausarztes im Bett bleiben. Ich hoffe aber, in der nächsten woche wieder am Unterricht teilnehmen zu können. Ich würde dann auch gerne die gestrige Klassenarbeit im Fach Praxismanagement nachschreiben.

Mit freundlichem Gruß

Arbeitsaufträge

1. *Erläutern Sie, inwiefern die Bearbeitung des obigen Schreibens Schwierigkeiten bereiten wird.*

2. *Informieren Sie sich mithilfe der folgenden Ausführungen über die wesentlichen Bestimmungen der DIN 5008. Erläutern Sie vor dem Hintergrund des obigen Beispiels, inwiefern die Vorgaben der DIN 5008 für die formale Gestaltung von offiziellen Schriftstücken sinnvoll und notwendig sind.*

3. Gestalten Sie mit einem Textverarbeitungsprogramm (z. B. MS-Word) für Ihren Schriftverkehr eine Vorlage. Orientieren Sie sich dabei z. B. an dem Schreiben auf Seite 87. Achten Sie insbesondere auf eine normgerechte Positionierung (Abstände von der linken und oberen Blattkante).

4. Schreiben Sie die obige Entschuldigung unter Beachtung der Formvorschriften neu. Nutzen Sie dazu Ihre Dateivorlage.

Die Beschriftung der genormten Vordrucke und Vorlagen für einen Geschäftsbrief erfolgt einheitlich nach den Schreib- und Gestaltungsregeln für die Textverarbeitung (DIN 5008).

Diese Norm vereinheitlicht zum einen die **Anwendung von Schriftzeichen** bei Textverarbeitungssystemen mit alphanumerischen Tastaturen. Durch diese Festlegungen wird eine leichte und eindeutige Lesbarkeit der Schrift gesichert. Im Einzelnen werden dadurch z. B. die Darstellung und Gestaltung von Wörtern, Zwischenräumen, Satz-, Schrift- und Rechenzeichen, Zahlengliederungen, Formeln, Hervorhebungen, Tabellen, Diagrammen und Abbildungen standardisiert.

Zum anderen enthält die DIN 5008 in Kapitel 17 Festlegungen für das **Beschriften von Briefblättern**. Einheitlich, zweckmäßig und übersichtlich gestaltete Schriftstücke sollen die Texteingabe erleichtern, Schreibarbeit einsparen, eine Verarbeitung der Informationen ermöglichen und die Übertragung der Daten zwischen unterschiedlichen Geräten sicherstellen.

Die wichtigsten Regelungen für das Beschriften von Briefvordrucken und -vorlagen werden im Folgenden dargestellt.

1.2.1 Schriftarten, Schriftgrößen und Schriftstile

Zu kleine Schriftgrößen, ausgefallene Schriftarten (z. B. Schreibschriftarten) und besondere Schrifteffekte (z. B. Schattierung, Gravur, Kapitälchen) sind in fortlaufenden Texten aus Gründen der besseren Lesbarkeit zu vermeiden. Grundsätzlich wird mit einfachem Zeilenabstand (einzeilig) geschrieben. Nur bei Berichten, Gutachten und anderen Schriftstücken besonderer Art kann auch ein größerer Zeilenabstand gewählt werden.

1.2.2 Millimeterangaben für die Positionierung von Zeilen

Die einheitliche Gestaltung wird insbesondere durch eine genaue Zeilenposition bestimmter Elemente eines Geschäftsbriefes erreicht. Die folgenden Übersichten enthalten die dazu erforderlichen Millimeterangaben.

Vor dem Einzug des PC mit Textverarbeitungs-Software in die Büros wurden Geschäftsbriefe mit Schreibmaschinen erstellt. Diese Schreibmaschinen verfügten über eine bestimmte Zeichendichte (z. B. zehn Schreibschritte auf einen Zoll)[1] und Zeilenhöhe (z. B. 4,23 mm). Auf dieser Basis erfolgte die Positionierung durch sogenannte Grad- und Zeilenangaben. Die Umrechnung dieser Angaben für Textverarbeitungsprogramme bedingt die ungeraden Millimeterwerte.

Erstellt man die Vordrucke für die Geschäfts- oder Privatkorrespondenz mit einem Textverarbeitungsprogramm, können die Millimeterangaben gerundet werden.

(1) Millimeterangaben für Zeilenanfang und Zeilenende von der linken Blattkante gemessen (für alle Schriftarten)

Bezeichnung	Millimeterangaben	
	Zeilenanfang	Maximales Zeilenende[1]
	in Millimeter von der linken Blattkante	
Rücksendeangabe	25	105
Zusätze und Vermerke	25	105
Empfängeranschrift	25	105
Kommunikationszeile bzw. Informationsblock	125	200

---

[1] Ein Schreibschritt ist der Abstand von Buchstabenmitte zu Buchstabenmitte. 1 Zoll entspricht 2,54 cm.

Bezeichnung	Millimeterangaben	
	Zeilenanfang	Maximales Zeilenende[1]
	in Millimeter von der linken Blattkante	
Bezugszeichenzeile:		
Erstes Leitwort	25	
Zweites Leitwort	75	
Drittes Leitwort	125	
Viertes Leitwort	175	200
Text	25	200
Gruß und/oder Firmenangabe	25	
Anlagen- und Verteilvermerke	25 oder 125	200
Einrückung	50	200

[1] Im Textbereich soll das Zeilenende wenigstens bei 165 mm von der linken Blattkante liegen. Praxisempfehlung für den rechten Rand: 20 mm.

(2) Millimeter- und Zeilenangaben für Zeilenposition von der oberen Blattkante

Bezeichnung	Briefblatt Form A		Briefblatt Form B	
	Zeilenanfang		Zeilenanfang	
	in Millimeter von der oberen Blattkante[1]	auf Zeile	in Millimeter von der oberen Blattkante[1]	auf Zeile
Erste Zeile der Absenderangabe für den Privatbrief[2]	16,9	5	16,9	5
Erste Zeile Zusatz- und Vermerkzone	33,9	9	50,8	13
Erste Zeile Anschriftzone	46,6	12	63,5	16
Erste Zeile des Informationsblocks	33,9	9	50,8	13
Leitwörter Kommunikationszeile	63,5	16	80,4	20
Text Kommunikationszeile	67,7	17	84,7	21
Leitwörter Bezugszeichenzeile	80,4	20	97,4	24
Text Bezugszeichenzeile	84,7	21	101,6	25
Betreff (bei vorausgehender Bezugszeichenzeile	97,4	24	114,3	28

[1] Millimeterangaben bis zur oberen Zeilenkante bei einer Zeilenhöhe von 4,23 mm
[2] Für den Privatbrief steht ein über die gesamte Blattbreite reichendes Feld für den Briefkopf zur Verfügung.

1.2.3 Aufbau eines Geschäftsbriefes

Ein Geschäftsbrief A4, Form B, ist danach wie folgt zu gestalten. Die Abmessungen und die Position der Felder und Angaben (1) bis (12) sind auch dem Vordruck auf Seite 11 zu entnehmen.

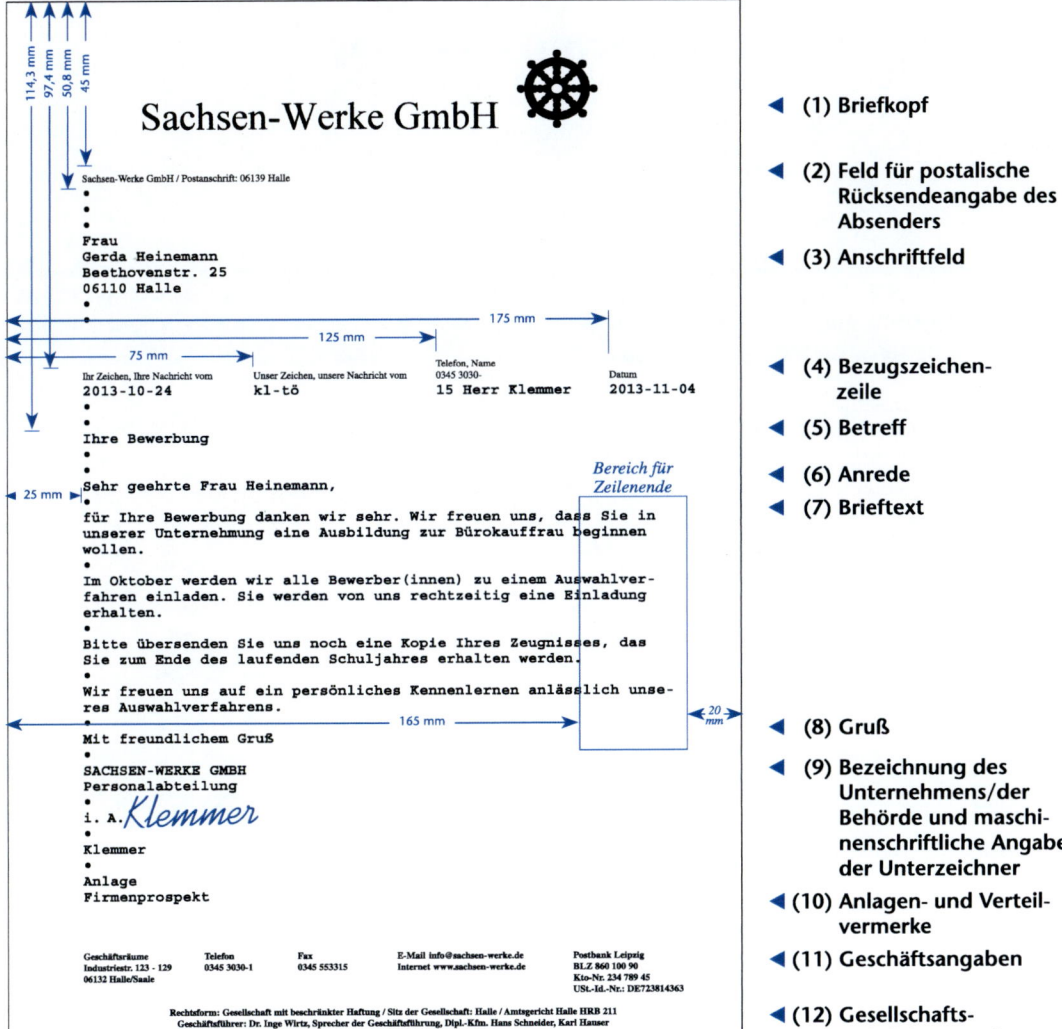

- ◀ (1) Briefkopf
- ◀ (2) Feld für postalische Rücksendeangabe des Absenders
- ◀ (3) Anschriftfeld
- ◀ (4) Bezugszeichen-zeile
- ◀ (5) Betreff
- ◀ (6) Anrede
- ◀ (7) Brieftext
- ◀ (8) Gruß
- ◀ (9) Bezeichnung des Unternehmens/der Behörde und maschi-nenschriftliche Angabe der Unterzeichner
- ◀ (10) Anlagen- und Verteil-vermerke
- ◀ (11) Geschäftsangaben
- ◀ (12) Gesellschafts-rechtliche Angaben

(1) Briefkopf

Für den Namen oder die Bezeichnung des Absenders steht im oberen Teil des Vordrucks ein Bereich zur Verfügung. Er erstreckt sich über die gesamte Blattbreite. Die Höhe dieses Feldes beträgt bei der Form A 27 mm und bei der Form B 45 mm.

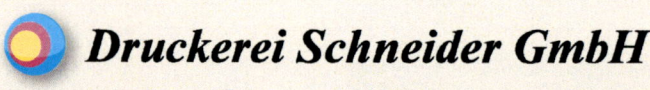

Druckerei Schneider GmbH

(2) Feld für postalische Rücksendeangabe des Absenders

In dieses Feld wird die Absenderangabe eingetragen. Die Mindestschriftgröße ist die 6-Punkt-Schrift (2,25-mm-Schrift). Möglich ist aber auch eine Schriftgröße von 8 Punkt. Bei Verwendung von Fensterbriefumschlägen erübrigt sich durch diese Vorgehensweise das erneute Schreiben der Absenderangabe auf der Briefhülle.

Druckerei Schneider GmbH / Postanschrift: 04209 Leipzig

Büroeinrichtungen
Karl Neumann KG
Bahnhofstraße 83
33102 Paderborn

(3) Anschriftfeld

Inhalt des Anschriftfeldes ist die sogenannte Aufschrift. Die Aufschrift weist gemäß DIN 5008 zwei Bestandteile auf: Zusätze und Vermerke sowie die Anschrift.[1]

---

[1] *Das Feld für die postalische Rücksendeangabe des Absenders und die Zusatz- und Vermerkzone können kombiniert werden. Es entsteht dann ein Gesamtbereich mit fünf Zeilen in 8-Punkt-Schrift. An ihn schließt sich dann die unveränderte Anschriftzone mit sechs Zeilen an. Die Anschriftzone muss unverändert bleiben, damit das maschinelle Erfassen der Anschrift nicht beeinträchtigt wird.*

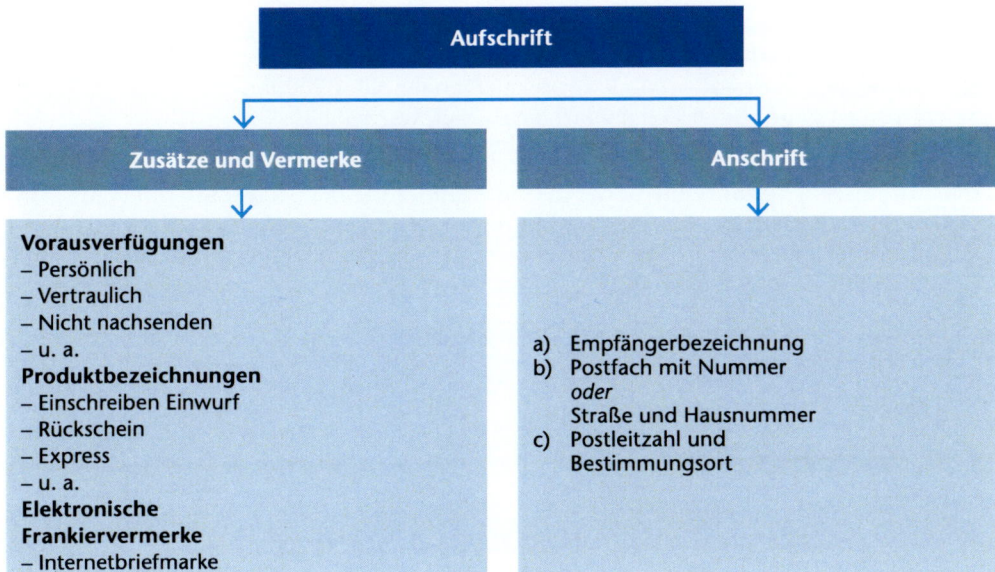

Auf dieser Basis ist das Anschriftfeld wie folgt strukturiert:

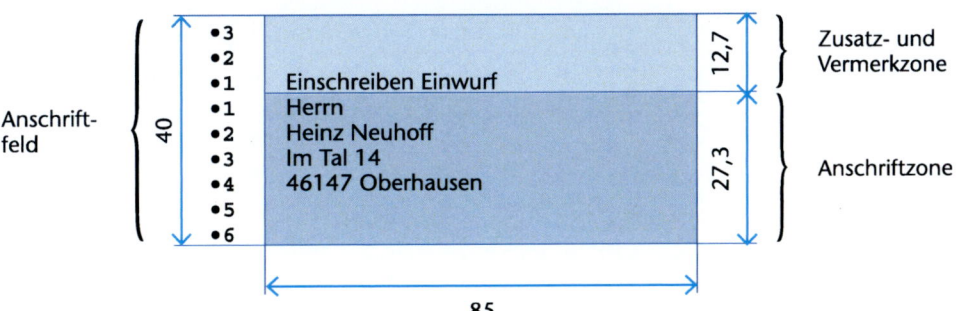

Damit stehen in der Zusatz- und Vermerkzone drei Zeilen und in der Anschriftzone sechs Zeilen zur Verfügung.

Werden mehr als drei Zeilen in der Zusatz- und Vermerkzone oder mehr als sechs Zeilen in der Anschriftzone benötigt, kann der Platz der jeweils anderen Zone mit genutzt werden. Wenn dies nicht ausreicht, ist die Schriftgröße zu verkleinern. Die Mindestschriftgröße ist dabei aber die 8-Punkt-Schrift.

Wichtig ist, dass einzelnen Bestandteile der Aufschrift an keiner Stelle durch eine Leerzeile getrennt werden dürfen. Die Zusatz- und Vermerkzone ist so zu beschriften, dass keine Leerzeile zur Anschriftzone entsteht. Auch die Leerzeile vor der Ortsangabe entfällt.

Beachte:
Keine Leerzeilen zwischen ausgefüllten Zeilen des Anschriftfeldes, auch nicht zwischen den postalischen Vermerken und der Empfängerbezeichnung oder zwischen Straße/Hausnummer und Postleitzahl/Bestimmungsort.

Anpassung an die Notwendigkeiten elektronischer Frankierverfahren

Die Einführung elektronischer Frankiervermerke erfordert eine größere Zusatz- und Vermerkzone. Durch den Wegfall der in der Vergangenheit üblichen Leerzeilen (z. B. vor der Ortsangabe) kann dieser Platzbedarf geschaffen werden.

Er reicht damit z. B. auch für die elektronische Freimachung mit einer „Internetbriefmarke". Bei diesem Verfahren wird der für die Frankierung benötigte „Briefmarkenwert" über das Internet gekauft. Die PC-Frankierung erfolgt unmittelbar entweder auf dem Briefumschlag, dem Etikett oder – bei Verwendung von Fensterbriefumschlägen – im Anschriftfeld des Dokuments.

Die Internetmarke ist ein im August 2008 eingeführter Onlineservice der Deutschen Post AG zum Selbstausdruck von Frankiervermerken. Dieses Angebot steht für Briefsendungen, DHL Pakete und Päckchen zur Verfügung.

Für den Nutzer fallen keine zusätzlichen Kosten an. Der Druck von Internetmarken für Briefsendungen erfolgt im PDF-Format über einen handelsüblichen Drucker auf Etiketten, Umschläge oder direkt in das Anschriftfeld des Dokuments. Bei fehlgeschlagenem Drucken kann die Datei erneut ausgedruckt werden. Die Internetmarke ist an keine vorher anzugebende Empfängeradresse gebunden. Bis zu ihrer Verwendung bleibt sie unbegrenzt gültig. Internetmarken für Briefe können aus einer Bildergalerie mit verschiedenen Motiven passend zum Anlass oder Empfänger gestaltet werden. Damit ähneln sie einer „normalen" Briefmarke der Deutschen Post AG.

Internationale Vereinheitlichung und verbesserte Maschinenlesbarkeit

Gleichzeitig soll durch den Wegfall der Leerzeilen eine Vereinheitlichung der nationalen und internationalen Aufschrift erreicht werden. Europäisch und international wird keine Leerzeile in der Anschrift verwendet.

Außerdem verbessert der Wegfall der Leerzeilen die Maschinenlesbarkeit. Dadurch kann eine Erhöhung der Quote maschinell bearbeiteter Briefsendungen bei der Deutschen Post AG und bei anderen Dienstleistungsunternehmen erreicht werden.

Beispiele für die Gestaltung des Anschriftfeldes

Die folgenden Musteranschriften verdeutlichen die Festlegungen der DIN 5008. Die Ziffern vor dem Zeilenanfang zeigen die jeweilige Position in der Zusatz- und Vermerkzone bzw. in der Anschriftzone an.

Beispiel

Schreiben an natürliche Personen

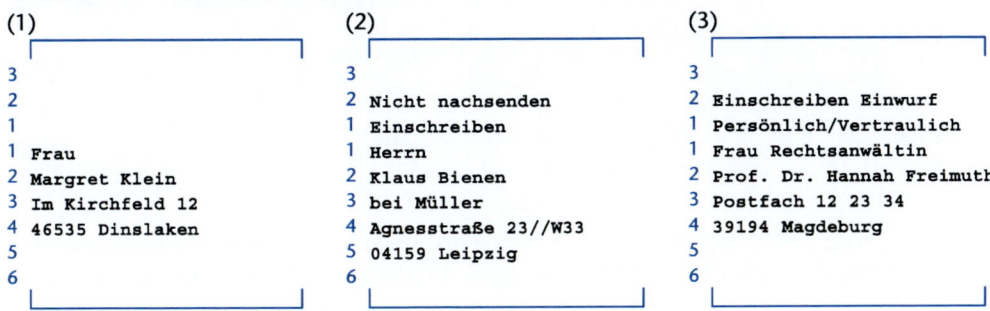

(1)

```
3
2
1
1  Frau
2  Margret Klein
3  Im Kirchfeld 12
4  46535 Dinslaken
5
6
```

(2)

```
3
2  Nicht nachsenden
1  Einschreiben
1  Herrn
2  Klaus Bienen
3  bei Müller
4  Agnesstraße 23//W33
5  04159 Leipzig
6
```

(3)

```
3
2  Einschreiben Einwurf
1  Persönlich/Vertraulich
1  Frau Rechtsanwältin
2  Prof. Dr. Hannah Freimuth
3  Postfach 12 23 34
4  39194 Magdeburg
5
6
```

Schreiben an Unternehmungen

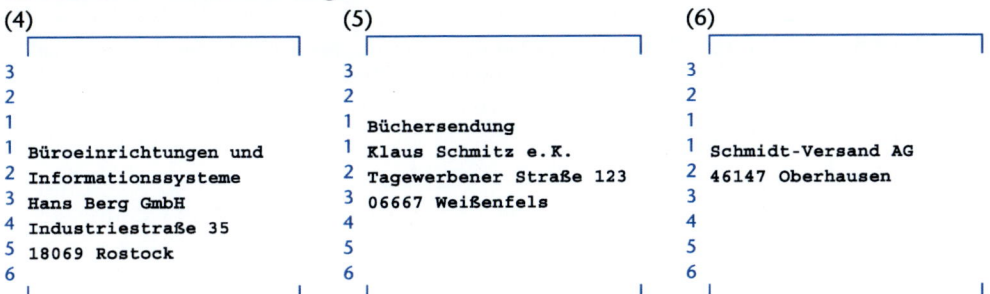

(4)

```
3
2
1
1  Büroeinrichtungen und
2  Informationssysteme
3  Hans Berg GmbH
4  Industriestraße 35
5  18069 Rostock
6
```

(5)

```
3
2
1  Büchersendung
1  Klaus Schmitz e.K.
2  Tagewerbener Straße 123
3  06667 Weißenfels
4
5
6
```

(6)

```
3
2
1
1  Schmidt-Versand AG
2  46147 Oberhausen
3
4
5
6
```

Schreiben an Mitarbeiter oder Abteilungen in Unternehmen

(7)

```
3
2
1  Einschreiben Einwurf
1  Farbwerke
2  Nordhausen GmbH
3  Herrn Wirtz
4  Rathfelder Straße 1
5  99734 Nordhausen
6
```

(8)

```
3
2
1  Express Brief
1  Wäschefabrik
2  Karl Lehmann KG
3  Abt. Einkauf
4  Weyerhofstraße 35-37
5  47803 Krefeld
6
```

(9)

```
3  Einschreiben
2  Rückschein
1  Eigenhändig
1  Frau Direktorin
2  Dr. Ute Reinhardt
3  Massivbau AG
4  Personalabteilung
5  Industriestraße 11-15
6  99987 Erfurt
```

Schreiben an Behörden und Auslandsanschriften

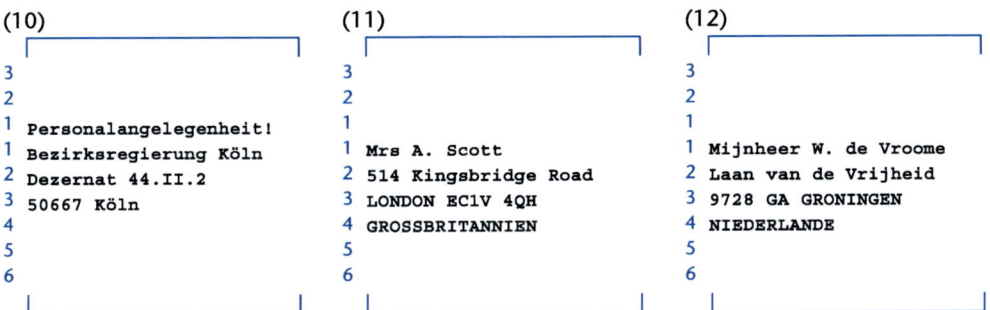

(10)

```
3
2
1  Personalangelegenheit!
1  Bezirksregierung Köln
2  Dezernat 44.II.2
3  50667 Köln
4
5
6
```

(11)

```
3
2
1
1  Mrs A. Scott
2  514 Kingsbridge Road
3  LONDON EC1V 4QH
4  GROSSBRITANNIEN
5
6
```

(12)

```
3
2
1
1  Mijnheer W. de Vroome
2  Laan van de Vrijheid
3  9728 GA GRONINGEN
4  NIEDERLANDE
5
6
```

Erläuterung zu den Beispielen:

(1) Die Aufschrift wird im Anschriftfeld aller Schriftstücke und auf Briefhüllen bzw. Etiketten in gleicher Anordnung geschrieben. Bei Inlandsanschriften werden die Ortsnamen nicht hervorgehoben.

(2) Wohnt der Empfänger zur Untermiete, muss der Name des Vermieters unter den Empfängernamen geschrieben werden. Bei der Zustellangabe können zusätzlich der Gebäudeteil, das Stockwerk oder die Wohnungsnummer, abgetrennt durch zwei Schrägstriche, angegeben werden. Vor und nach den zwei Schrägstrichen ist jeweils ein Leerzeichen einzusetzen.

(3) Berufs- oder Amtsbezeichnungen (z. B. Rechtsanwalt, Oberstudiendirektorin) werden neben die Anrede „Frau" oder „Herrn" geschrieben. Akademische Grade (z. B. Dr., Dipl.-Kfm.) stehen dagegen unmittelbar vor dem Namen. Da es bei „Professor" nicht erkennbar ist, ob es sich um eine Amtsbezeichnung oder um einen akademischen Grad handelt, sollte „Prof." unmittelbar vor dem Namen stehen.
Viele Empfänger von Geschäftsbriefen besitzen ein Postfach. Der Absender hat dann in der Regel die Wahl, den Brief an die Haus- oder an die Postanschrift zu adressieren. Bei Schreiben, die direkt zugestellt werden sollen (z. B. Express-Brief), ist die Hausanschrift vorzuziehen. Zu beachten ist, dass Hausadresse und Postanschrift unterschiedliche Postleitzahlen haben.

(4) Umfangreichere Empfängerbezeichnungen werden sinngemäß in Zeilen aufgeteilt. In der Regel werden Firmenzusatz und Firmenkern in aufeinanderfolgende Zeilen geschrieben.

(5) Nach handelsrechtlichen Vorschriften müssen auch Einzelunternehmen einen Rechtsformzusatz in der Firma verwenden. Der Gesetzgeber schlägt als Abkürzung e. K. bzw. e. Kfr. oder e. Kfm. (eingetragene Kauffrau, eingetragener Kaufmann) vor. Durch diesen zwingend vorgeschriebenen Zusatz wird gleichzeitig deutlich, dass das Schreiben an die Unternehmung und nicht an den Inhaber als Privatperson gerichtet ist. Der Begriff „Firma" vor dem Namen ist deshalb zur Unterscheidung nicht mehr erforderlich und darf im Anschriftfeld nicht erscheinen.

(6) Bei Großempfänger-Anschriften werden weder Postfach noch Straße und Hausnummer angegeben.

(7) Bei Schreiben an Unternehmungen sollte nach Möglichkeit zusätzlich zur Firma (Name der Unternehmung) auch der Name des zuständigen Sachbearbeiters genannt werden. Empfänger des Briefes ist jedoch die Unternehmung. Das heißt, der Brief darf bei Abwesenheit des Bearbeiters auch durch andere Mitarbeiter geöffnet werden. Der in der Praxis oft verwendete Zusatz „z. H." bzw. „z. Hd." (zu Händen) entspricht nicht der Norm und sollte deshalb nicht verwendet werden.

(8) Um die hausinterne Zustellung beim Empfänger zu erleichtern, kann mangels der Kenntnis einer zuständigen Person auch die entsprechende Abteilung genannt werden.

(9) Soll das Schreiben dagegen einen Mitarbeiter der Unternehmung persönlich erreichen, ist der Personenname der Unternehmungsbezeichnung (Firma) voranzustellen. In diesem Fall darf der Brief durch keinen Vertreter geöffnet werden.

(10)   Bei Schreiben an Behörden gelten die gleichen Anordnungsvorschriften. Satzzeichen innerhalb einer Anschrift werden geschrieben, jedoch nicht am Zeilenende. In der Zusatz- und Vermerkzone dürfen Satzzeichen am Zeilenende stehen.

(11) und (12)   Bei Auslandsanschriften sind die Anordnung der Bestandteile der Anschrift und deren Schreibweise nach Möglichkeit einer verfügbaren Absenderangabe des Empfängers zu entnehmen. Bestimmungsort und -land müssen in Großbuchstaben geschrieben werden. Der Bestimmungsort ist dabei nach Möglichkeit in der Sprache des Bestimmungslandes anzugeben (z. B. LIÈGE statt Lüttich, FIRENZE statt Florenz, TOKYO statt Tokio). Die Angabe des Bestimmungslandes steht dagegen in deutscher Sprache in der letzten Zeile der Anschrift.

(4) Bezugszeichenzeile

Funktion und Aufbau

Die Angaben in der Bezugszeichenzeile erleichtern die Einordnung eines Schreibens in einen eventuell vorausgegangenen Schriftwechsel und die direkte Kommunikation der mit dem Sachverhalt befassten Personen.

Die Positionierung und die Schriftgröße der eingedruckten Leitwörter (Ihr Zeichen, Ihre Nachricht vom usw.) sind in Kapitel 16 der DIN 5008 festgelegt. Eine Zeile unter diese Leitwörter werden die Bezugszeichen, die Durchwahlmöglichkeit, der Name der Sachbearbeiterin und das Ausfertigungsdatum des Briefes geschrieben, falls erforderlich in zwei Zeilen. Das erste Schriftzeichen der zugehörigen Angabe steht unter dem Anfangsbuchstaben des jeweils ersten Leitwortes. Mehrere Bezugsangaben zu einem Leitwort können durch ein Komma getrennt werden.

Es ist außerdem zulässig, Leitwörter im Vordruck zu ergänzen, zu verändern oder wegzulassen (z. B. Steuernummer, Aktenzeichen, Zimmernummer).

1. Schreiben der Schneider GmbH an die Neumann KG

Das Schreiben wurde von Frau Holler diktiert und von Frau Seifer geschrieben:

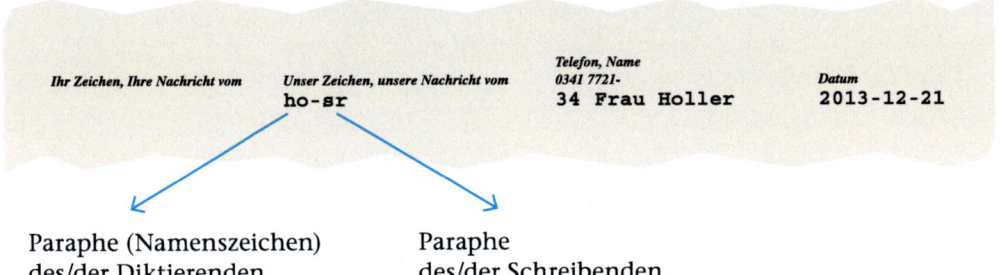

Ihr Zeichen, Ihre Nachricht vom	Unser Zeichen, unsere Nachricht vom	Telefon, Name	Datum
	ho-sr	0341 7721-	2013-12-21
		34 Frau Holler	

Paraphe (Namenszeichen)
des/der Diktierenden

Paraphe
des/der Schreibenden

2. Antwortschreiben der Neumann KG an die Schneider GmbH

Das Schreiben wurde von Herrn Müller diktiert und von Frau Benner geschrieben:

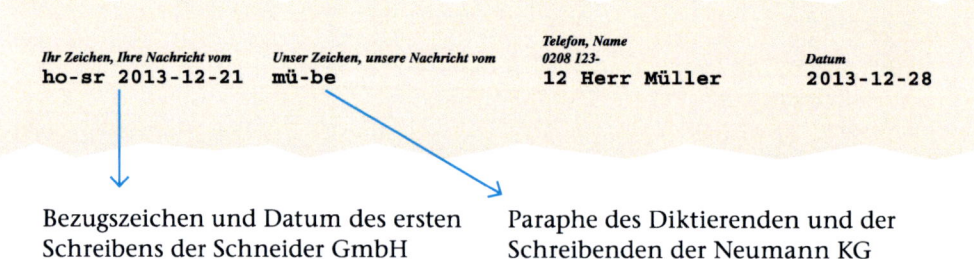

Bezugszeichen und Datum des ersten Schreibens der Schneider GmbH

Paraphe des Diktierenden und der Schreibenden der Neumann KG

3. Antwortschreiben der Schneider GmbH an die Neumann KG

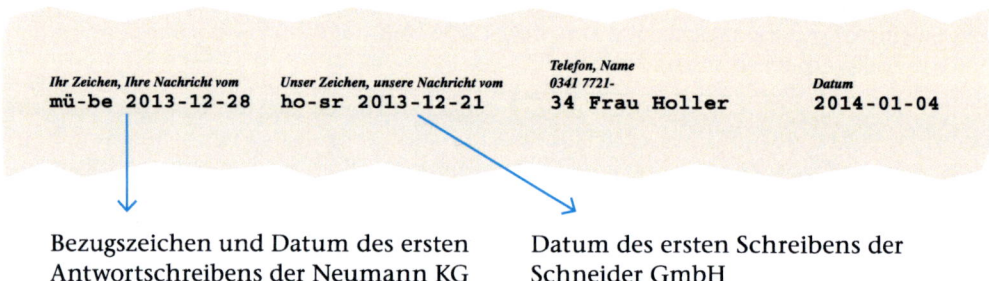

Bezugszeichen und Datum des ersten Antwortschreibens der Neumann KG

Datum des ersten Schreibens der Schneider GmbH

Schreibweise von Kalenderdaten

Die folgende Übersicht informiert über die verschiedenen Schreibungen von Kalenderdaten.

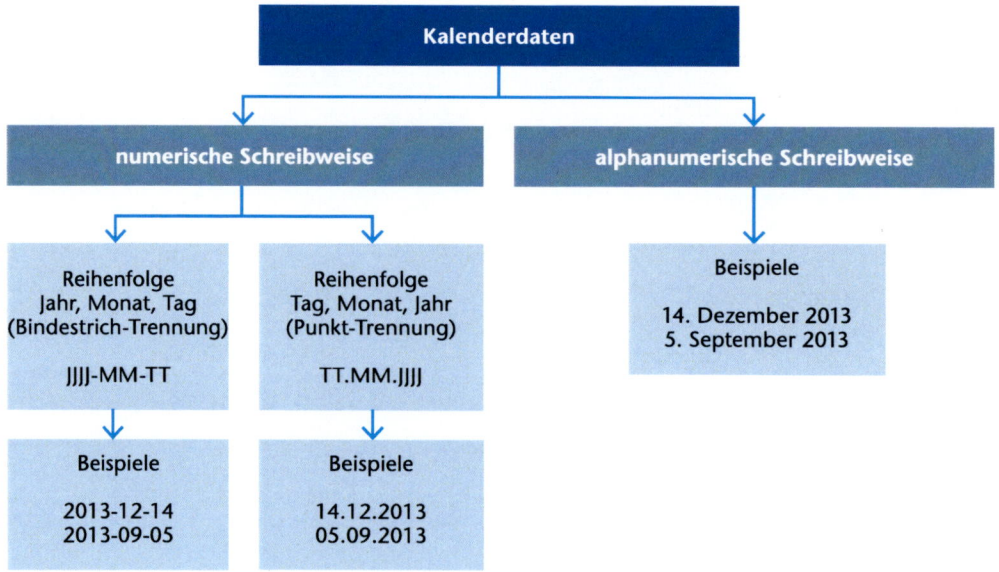

Bei der numerischen Schreibweise wird die Jahreszahl vierstellig, Monat und Tag werden zweistellig geschrieben. Zulässig ist auch die Reihenfolge Tag, Monat, Jahr, allerdings mit einem Punkt gegliedert. Bei der alphanumerischen Schreibweise gibt es nur die Reihenfolge Tag, Monat, Jahr. Die Jahreszahl wird vierstellig angegeben. Außerdem erfolgt hier bei einstelliger Tageszahl keine zweistellige Darstellung mithilfe der Ergänzung einer Null.

In der Bezugszeichenzeile und im Informationsblock werden Kalenderdaten numerisch dargestellt. Im fortlaufenden Text eignet sich auch die alphanumerische Schreibung.

Kommunikationszeile

Ein Vordruck mit Bezugszeichenzeile kann durch eine Kommunikationszeile rechts neben dem Anschriftfeld ergänzt werden. Sie nimmt zusätzliche Kommunikationsangaben (z. B. Telefax, E-Mail-Anschrift) auf. Die Leitwörter dieser Zeile sind so zu positionieren, dass die zugehörigen Angaben zeilengerecht in Höhe der letzten Zeile des Anschriftsfelds geschrieben werden können. Der Abstand von der linken Blattkante beträgt 125 mm.

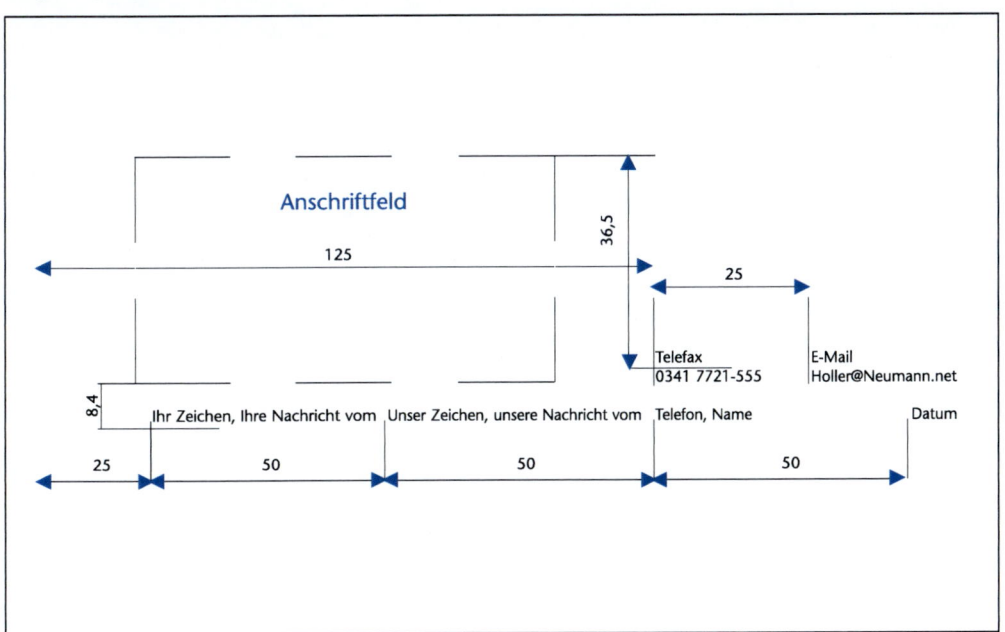

Informationsblock

Die DIN 5008 empfiehlt wegen der besseren Übersichtlichkeit als Alternative zur Bezugszeichenzeile/Kommunikationszeile den Informationsblock. Er ist rechts neben dem Anschriftfeld zu positionieren.

Das folgende Beispiel zeigt einen Standardinformationsblock. Seine Leitwörter orientieren sich an denen einer Bezugszeichenzeile. Die Reihenfolge und die Leerzeilen sind einzuhalten. Die konkreten Angaben werden unmittelbar hinter dem jeweiligen Leitwort eingetragen. Dabei sind Schriftart und -größe des Brieftextes zu verwenden.

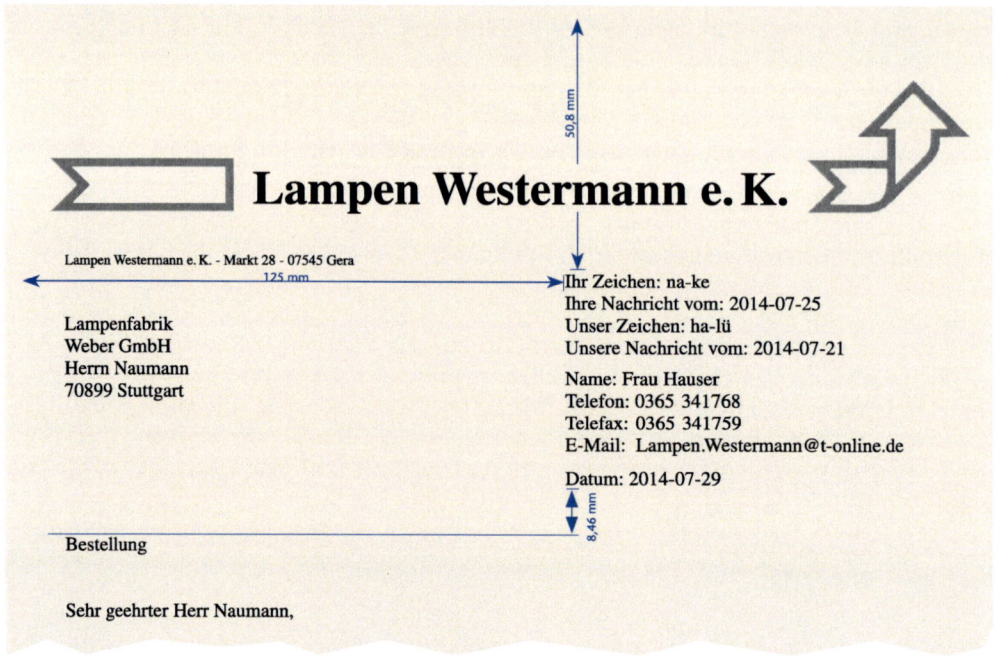

Alternativ zum Standardinformationsblock kann der Informationsblock auch frei gestaltet werden. Leitwörter können nach Bedarf ergänzt, weggelassen oder verändert werden. Leerzeilen sollten dabei eine übersichtliche Gruppierung bewirken.

Bei Verwendung eines gestalteten Informationsblocks sollten die konkreten Angaben an einer neuen Fluchtlinie beginnend geschrieben werden. Diese Eintragungen erfolgen grundsätzlich in der im Brieftext verwendeten Schriftart und -größe. Einzelne Angaben, z. B. längere E-Mail-Anschriften, dürfen bei Platzmangel kleiner geschrieben werden (mindestens 8-Punkt-Schrift).

Der Informationsblock kann auch für das Briefblatt A4 ohne Aufdruck verwendet werden, z. B. für offizielle Schreiben von Privatpersonen (vgl. Beispielbrief Seite 87).

Beispiel

(5) Betreff

Der Betreff ist eine stichwortartige Inhaltsangabe des Brieftextes. Er dient dem Empfänger als eine kurze Vorabinformation und erleichtert beim Posteingang die Weiterleitung an die zuständige Bearbeitungsstelle. Bei längerem Text wird er sinnvoll auf mehrere Zeilen verteilt. Er kann durch Fettschrift und/oder Farbe hervorgehoben werden.

Der Wortlaut des Betreffs folgt nach zwei Leerzeilen den Bezugszeichen oder dem Informationsblock. Vor der sich anschließenden Anrede sind ebenfalls zwei Leerzeilen zu setzen.

Ihr Zeichen, Ihre Nachricht vom	Unser Zeichen, unsere Nachricht vom	Telefon, Name 0341 7721-	Datum
	ho-sr	34 Frau Holler	2014-05-19

-
-

Anfrage nach Büromöbeln
-
-

Sehr geehrte Damen und Herren,

(6) Anrede

Zu unterscheiden sind die persönliche Anrede („Sehr geehrte Frau Dr. Müller") und die allgemeine Anrede („Sehr geehrte Damen und Herren").

Grundsätzlich ist die persönliche Anrede vorzuziehen. Der Brief erhält dadurch einen persönlicheren Charakter. Man sollte sich deshalb immer bemühen, eine Person als Ansprechpartner zu ermitteln.

Wichtig ist die Übereinstimmung zwischen der Empfängerbezeichnung im Anschriftfeld und der Anrede. Wird im Anschriftfeld eine natürliche Person namentlich genannt, muss auch die persönliche Anrede gewählt werden. Erscheint im Anschriftfeld nur die Firma einer Unternehmung oder die Bezeichnung einer Behörde, ist auf die allgemeine Anrede auszuweichen.

Die Anrede wird mit einem Komma abgeschlossen, wobei dann nach der Anrede klein weiterzuschreiben ist.

Die Anrede steht zwei Leerzeilen nach dem Betreff. Vom sich anschließenden Brieftext wird sie durch eine Leerzeile getrennt.

Anfrage nach Büromöbeln
-

Sehr geehrte Damen und Herren,
-
in der Fachzeitschrift „Druck aktuell" haben wir Ihre Anzeige gelesen.

(7) Brieftext (Absatzbildung und Hervorhebungen)

Die inhaltliche Gliederung eines Brieftextes ist äußerlich durch die **Bildung von Absätzen** zum Ausdruck zu bringen.
Absätze sind vom vorhergehenden und vom folgenden Text jeweils durch eine vollständige Leerzeile zu trennen.

Durch Absatzbildung erhöhen sich die Übersichtlichkeit und Lesbarkeit eines Textes. In der Regel bildet jeder Hauptgedanke einen Absatz. Gehören einzelne Gedanken inhaltlich jedoch sehr eng zusammen, können sie auch zu einem Abschnitt zusammengefasst werden.

Durch verschiedene Techniken der Hervorhebung kann auf Wichtiges hingewiesen werden.

1. Soll eine Textstelle besonders herausgestellt werden, so kann man sie <u>vom ersten bis zum letzten Schriftzeichen unterstreichen</u>.

2. Auch durch S p e r r e n kann man wichtige Wörter oder Textteile hervorheben. Jedes gesperrte Wort wird innerhalb einer Zeile von dem vorausgehenden und dem folgenden durch drei Leerzeichen abgesetzt. Satzzeichen hinter gesperrten Wörtern werden wie Buchstaben des Wortes behandelt. Zahlen werden nicht gesperrt.

3. Häufige Verwendung findet die Hervorhebungstechnik des Einrückens.

> Eingerückte Textpassagen werden vom vorausgehenden und vom folgenden Text durch je eine Leerzeile getrennt.

Eingerückte Textteile beginnen 50 mm von der linken Blattkante.

4. Des Weiteren kann durch „Anführungszeichen", Wechsel der Schriftart, Wechsel der Schriftgröße, **Fettschrift**, *Kursivschrift* und GROSSBUCHSTABEN Wichtiges herausgestellt werden.

(8) Gruß und (9) Bezeichnung des Unternehmens/der Behörde und maschinenschriftliche Angabe der Unterzeichner

1. Briefabschluss mit maschinenschriftlicher Namenswiedergabe des Unterzeichners

```
Ihrem Angebot sehen wir mit Interesse entgegen.

Mit freundlichen Grüßen

   Raum für Unterschrift

Baumann
```

2. Briefabschluss mit Angabe der Firma

```
Wir werden Ihren Auftrag zu Ihrer vollsten Zufriedenheit aus-
führen.

Mit freundlichem Gruß

Druckerei
Horstmann & Felten KG


ppa. Hartmann
```

(10) Anlagen- und Verteilvermerke

3. Briefabschluss mit Anlagenvermerk

```
Bitte überweisen Sie den ausstehenden Betrag umgehend auf unser
Konto.

Mit freundlichen Grüßen

Maschinenfabrik
Krämer GmbH & Co KG

i. V.  Hülsemann

Hülsemann

Anlage
Rechnung
```

4. Briefabschluss mit Anlagen- und Verteilvermerk

```
Unsere Filiale in Dortmund wird sich mit Ihnen in Verbindung
setzen.

Mit freundlichen Grüßen

Handelsgesellschaft mbH

i. V.  Müller

Müller

Anlage
1 Prospekt

Verteiler
Filiale Dortmund
```

5. Briefabschluss mit Anlagen- und Verteilvermerk bei Platzmangel

```
Wir haben unseren Handelsvertreter, Herrn Hufschmied, gebeten,
sich in den nächsten Tagen mit Ihnen in Verbindung zu setzen.

Mit freundlichem Gruß                              Anlage
                          ← 125 mm →               Prospekt
Möbelfabrik
Schneider GmbH                                     Verteiler
                                                   Herrn Hufschmied
ppa.  Neumann

Neumann
```

(11) Geschäftsangaben und (12) gesellschaftsrechtliche Angaben

Am unteren Rand des Briefvordruckes befinden sich die Geschäftsangaben und bei Kapitalgesellschaften die gesellschaftsrechtlichen Hinweise.

1.2.4 Brief mit Folgeseiten

Bei umfangreicheren Brieftexten sind zwei oder mehrere Briefblätter erforderlich. Dann sind die einzelnen Seiten von der zweiten Seite an fortlaufend zu nummerieren. Auf Blättern ohne Aufdruck sollte die Seitennummerierung (z. B. – 2 –) in der fünften Zeile (16,9 mm Abstand von der oberen Blattkante) zentriert gesetzt werden.

Die Fortsetzung des Textes kann auch auf der vorangehenden Seite deutlich gemacht werden. Dieser Hinweis erfolgt durch drei Punkte. Sie stehen unten am rechten Rand und werden von der letzten Textzeile durch mindestens eine Leerzeile getrennt.

Alternativ ist es bei Textverarbeitungssystemen zulässig, die Seiten mit „Seite … von …" zu kennzeichnen, z. B. „Seite 1 von 3". Diese Kennzeichnung sollte bevorzugt am rechten Rand enden.

Beispiel

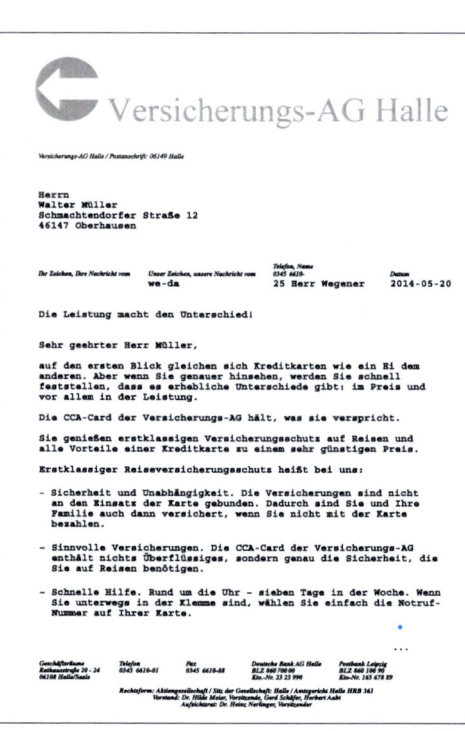
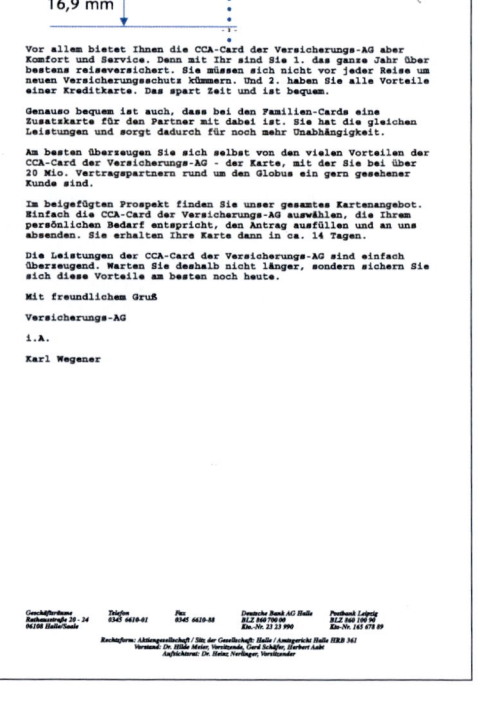

1.2.5 Beschriftung von Briefblättern ohne Aufdruck

Bei der Verwendung von Briefblättern ohne Aufdruck sind die oben erläuterten Anordnungsregeln sinngemäß anzuwenden. Ein Anwendungsbeispiel ist im Kapitel „D Schriftverkehr bei Bewerbungen"[1] zu finden.

Zusammenfassung

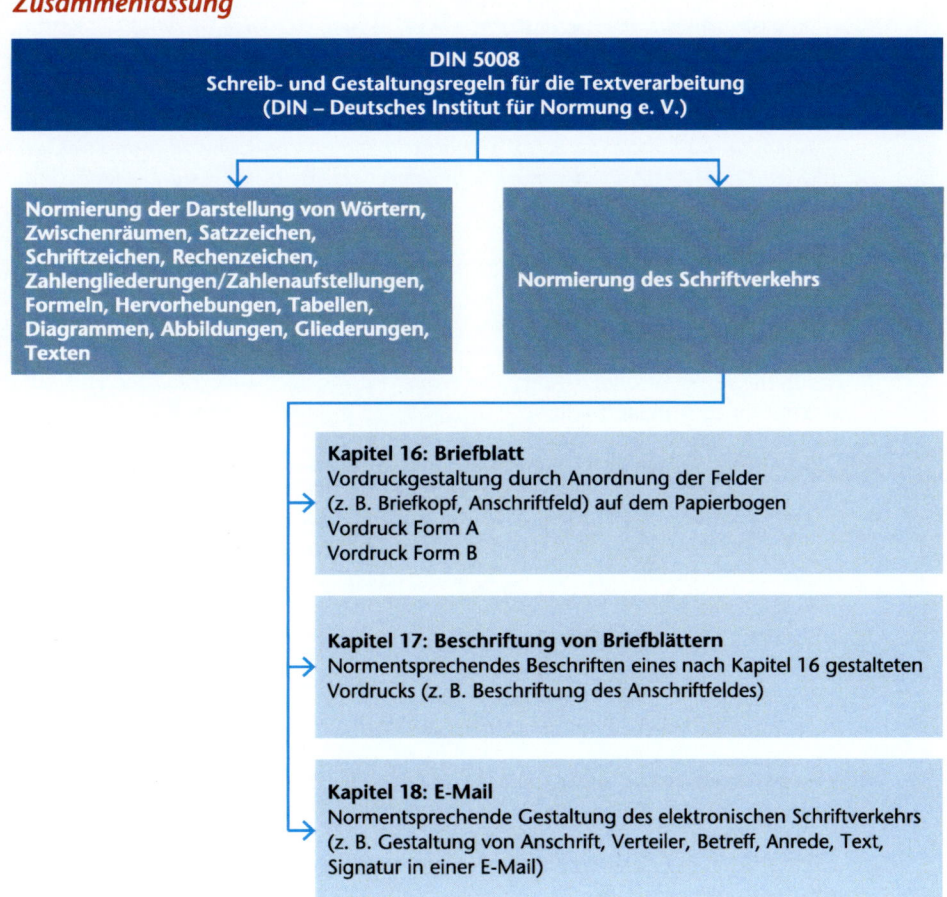

Übungen

1. *Nehmen Sie Stellung zur folgender Aussage: „Die Absenderangabe im Briefkopf und/oder als postalische Rücksendeangabe über dem Anschriftfeld ist überflüssig, denn der Absender wird auch auf dem Briefumschlag angegeben."*

2. *Erklären Sie den Aufbau des Anschriftfeldes gemäß DIN 5008.*

---

[1] *Vgl. Seite 86 ff.*

3. Gestalten Sie entsprechend der folgenden Informationen jeweils ein normgerechtes Anschriftfeld:

   a) Empfänger: Heinz Neumann, 46147 Oberhausen, Forststraße 12, Wohnung zur Untermiete bei Familie Irene Schneider, Versand per Einschreiben

   b) Empfängerin: Ilse Wegmann, 50969 Köln, Brüggener Straße 14, Frau Wegmann ist Architektin und Dipl.-Ing.

   c) Empfängerin: Sarah Schmidt, Frau Schmidt ist Sachbearbeiterin bei der Bürodesign GmbH, Sitz der Gesellschaft: 43147 Essen, Kettwiger Straße 12, Versand per Übergabe-Einschreiben, im Falle der Abwesenheit von Frau Schmidt soll das Schriftstück durch ihre Vertretung bearbeitet werden

   d) Empfängerin: Monika Reichmann, Frau Reichmann ist in der Rechtsabteilung der Anlagenbau Karl Schneider GmbH angestellt, sie ist Rechtsanwältin und besitzt einen Doktortitel, Anschrift der Karl Schneider GmbH: 99987 Erfurt, Neuer Industriepark 10–16, das Schriftstück soll ausschließlich von Frau Reichmann zur Kenntnis genommen werden

   e) Empfänger einer Büchersendung: Hans Lachmann, Hans Lachmann ist die Firma einer Unternehmung in der Rechtsform einer OHG, Sitz der Gesellschaft: 04157 Leipzig, Parkgürtel 3

4. Erläutern Sie die Besonderheiten, die bei der normgerechten Gestaltung von Auslandsanschriften zu beachten sind.

5. Erläutern Sie die jeweilige Funktion von Betreff und Bezugszeichenzeile.

6. Gestalten Sie für jedes Schriftstück (jeweils Standardbrief) des folgenden Schriftwechsels die Bezugszeichenzeile. Ergänzen Sie die erforderlichen Angaben nach eigener Wahl. Gestalten Sie jeweils alternativ zur Bezugszeichenzeile den entsprechenden Informationsblock.

   a) Schriftstück: Anfrage vom 16.12.2013

   b) Schriftstück: Angebot vom 21.12.2013

   c) Schriftstück: Bestellung vom 02.01.2014

   d) Schriftstück: Ablehnung der Bestellung wegen Fristüberschreitung vom 04.01.2014

7. Nennen Sie die grundsätzlichen Möglichkeiten für die Anrede. Erläutern Sie, inwiefern Anrede und Anschriftfeld aufeinander abzustimmen sind.

8. Schreiben Sie fünf Kalenderdaten Ihrer Wahl jeweils in den drei normgerechten Schreibweisen.

9. Bei etwas längeren Brieftexten kann es vorkommen, dass z. B. für Gruß, Unterschrift, Anlagenvermerke auf der ersten Seite kein Platz vorhanden ist. Erläutern Sie, wie in diesem Fall der Seitenumbruch zu gestalten ist.

10. Öffnen Sie mit Ihrem Textverarbeitungsprogramm Ihre Vorlage für den privaten Schriftverkehr (vgl. Seite 16, 3. Arbeitsauftrag). Erstellen Sie mit dieser Vorlage ein normgerechtes Schreiben zu folgendem Anlass: Kündigung eines Abonnements, z. B. privater Fernsehsender, Zeitschrift.

2 Inhaltliche Gestaltung des Briefes

Die inhaltliche Gestaltung ist der zweite der drei Gestaltungsbereiche:

| Form des Briefes | Inhalt des Briefes | Sprache des Briefes |

Das Reisebüro „Hagemann Reisen GmbH" hat an das Hotel „Haus Waldsee e. K." eine schriftliche Anfrage gerichtet.

In dem Hotel soll vom 30. April … bis zum 2. Mai … eine Reisegruppe (30 Personen) untergebracht werden. Während dieses Zeitraumes ist das Hotel jedoch durch eine Hochzeitsgesellschaft belegt. Zwischen dem Reisebüro und dem Hotel haben noch keine geschäftlichen Verbindungen bestanden.

Das Hotel will dem Reisebüro schriftlich antworten.

Arbeitsaufträge

1. *Welche grundsätzliche Zielsetzung muss beim Schreiben des Briefes an das Reisebüro beachtet werden?*

2. *Sammeln Sie stichwortartig alle Gedanken, die eine Antwort an das Reisebüro beinhalten muss.*

3. *Bringen Sie die ermittelten Einzelgedanken in eine sinnvolle Reihenfolge. Mit welchem Gedanken/Hinweis sollte der Brief begonnen werden? Welcher Gedanke/Hinweis eignet sich für den Abschluss des Brieftextes?*

4. *Begründen Sie, warum man dem Reisebüro in der obigen Situation nicht telefonisch absagt.*

In der Regel ist es am wirtschaftlichsten, Mitteilungen an einen Empfänger telefonisch durchzugeben. In bestimmten Situationen wird jedoch die Schriftform vorzuziehen sein. So kann man in einem Brief die eigenen Interessen nachhaltiger darstellen. Außerdem ist es oft wichtig, aus Beweisgründen über ein schriftliches Dokument zu verfügen.

Das Anfertigen eines Brieftextes ist eine anspruchsvolle Tätigkeit. Wie bei jeder anderen schwierigen Aufgabe ist deshalb eine gründliche **Arbeitsvorbereitung** erforderlich. Ein unüberlegtes Drauflosschreiben führt zu einem unbefriedigenden Ergebnis.

Beim Verfassen eines Brieftextes sind aus diesem Grunde drei Arbeitsschritte einzuhalten:

| (1) Stoffsammlung | (2) Gliederung | (3) Textausführung |

2.1 Stoffsammlung

In einem ersten Arbeitsschritt werden alle möglichen Inhaltspunkte des Brieftextes spontan in Stichworten notiert.

Hilfestellung:

Manchmal fällt der Einstieg in die Stoffsammlung schwer. Dann kann folgende Vorstellung hilfreich sein:

Man versetzt sich in die Situation, dass die Angelegenheit telefonisch zu erledigen wäre. Auch ein schwieriges Telefongespräch ist vorzubereiten. Der Gesprächsablauf wird gedanklich vorweggenommen; dabei notiert man sich die zentralen Gesprächspunkte in Stichworten.

Die Stoffsammlung ist nichts anderes. Auch zur Vorbereitung eines Briefes hält man – ebenso wie bei der Planung eines Telefonates – alle wichtigen Punkte stichwortartig fest.

Die Stoffsammlung ist unbedingt vor dem Hintergrund der Absicht durchzuführen, die man mit dem Brieftext verfolgt. Das heißt, der Verfasser muss sich stets darüber im Klaren sein, welche grundlegenden Ziele er mit seinem Text erreichen will. Diese Zielvorstellung beeinflusst automatisch die zentralen Inhaltspunkte.

Da die Stoffsammlung die Grundlage für die weitere Arbeit darstellt, sind die einzelnen Gedanken in übersichtlicher Weise untereinander zu notieren.

Außerdem sollte man im Rahmen der Stoffsammlung bereits über mögliche Anlagen nachdenken.

Beispiel
Brief an das Reisebüro „Hagemann Reisen GmbH"

Zielsetzung des Verfassers	Inhalt des Briefes
1. Informationen des Reisebüros über die Belegung des Hotels 2. Gewinnung des Reisebüros als zukünftigen Kunden	1. Information über die Belegung des Hotels 2. Überzeugende, werbewirksame Begründung für die Absage 3. Werbewirksame Information über das Hotel 4. Aufzeigen von Alternativen (z. B. Angebot eines Alternativtermins, Vermittlung an ein anderes Hotel am Ort) 5. Anlage: Hausprospekt

Für die Stoffsammlung eignet sich auch die Methode des Mindmappings.

In der Mitte eines quer liegenden unlinierten Blatts (mindestens Format DIN A4) wird der zentrale Begriff notiert, zu dem man Ideen sucht. Dieser Mittelpunkt der Überlegungen ist zu umkreisen.

Ausgehend von diesem zentralen Begriff sind mehrere Linien abzuzweigen. Auf jeder Linie notiert man stichwortartig Ideen, die sich aus dem zentralen Thema ableiten. Man sollte nicht lange überlegen, sondern spontan aufschreiben, was einem in den Sinn kommt.

Ausgehend von diesen Hauptästen fallen einem dann wieder Gedanken ein, die auf untergeordneten Zweigen stichwortartig festzuhalten sind. Da Mindmaps eine offene Struktur haben, können sie ständig ergänzt werden.

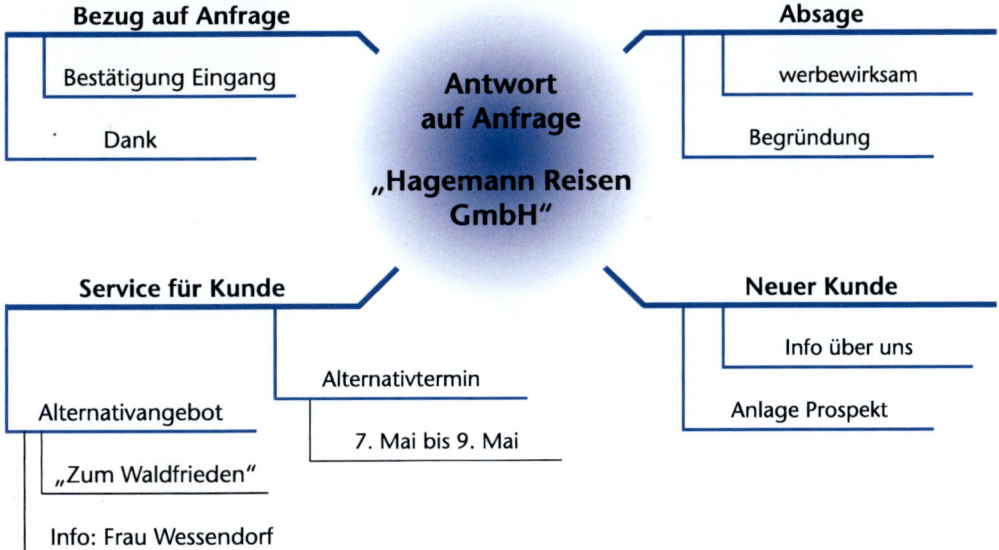

2.2   Gliederung

Das Material der Stoffsammlung ist in der Regel noch ungeordnet. Als Plan für das Schreiben des Brieftextes ist die Stoffsammlung deshalb nicht geeignet. Eine brauchbare Planungsskizze stellt erst die Gliederung dar. Sie entsteht durch das systematische Ordnen und Überarbeiten der Stoffsammlungspunkte. Dabei ist vor allem der folgende grundsätzliche Aufbau zu beachten:

Wie jede andere Textsorte besteht auch ein Brieftext aus drei Abschnitten.

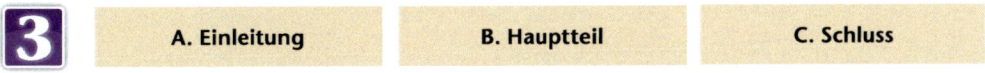

2.2.1 Einleitung des Brieftextes

Eine Redewendung besagt, dass man „nicht mit der Tür ins Haus fällt". In diesem Sinne sollte jeder Brief mit einem einleitenden Hinweis beginnen. Für die inhaltliche Gestaltung dieses Einleitungssatzes gibt es im Wesentlichen drei grundsätzliche Aspekte:

Grundgedanken für den Einleitungssatz

1. Bezug auf einen zurückliegenden mündlichen oder schriftlichen Kontakt mit dem Briefempfänger

2. Bezug auf eine positiv erlebte Gemeinsamkeit

3. Hinweis auf eine bedeutsame Tatsache

Beispiel

Grundgedanke der Einleitung	Briefsituation	Formulierung
1. Bezug auf einen zurückliegenden mündlichen oder schriftlichen Kontakt	Antwort auf eine schriftliche Anfrage (z. B. Absage an das Reisebüro „Hagemann Reisen GmbH")	Für Ihre Anfrage und das darin zum Ausdruck kommende Vertrauen in unser Haus danken wir sehr herzlich.
2. Bezug auf eine positiv erlebte Gemeinsamkeit	Mängelrüge an einen Lieferer wegen fehlerhafter Warenlieferung	Seit vielen Jahren beziehen wir von Ihnen Innentüren; die Verträge konnten stets zu unserer beiderseitigen Zufriedenheit abgewickelt werden.
3. Hinweis auf eine bedeutsame Tatsache	Brief an einen Lieferer wegen Überschreitung der Lieferfrist	Am 10. Mai bestellten wir bei Ihnen Freizeithemden, deren Lieferung für die 35. Woche zugesagt worden ist.

Die Stoffsammlung ist also zunächst dahingehend zu überprüfen, ob sie bereits einen geeigneten Aspekt für diese Kontaktaufnahme mit dem Leser enthält. Andernfalls muss ein Einleitungsgedanke durch gezielte Überlegungen ergänzt werden.

Zu vermeiden ist jedoch eine langatmige Einleitung. Ausführliche Wiederholungen der Inhalte vorausgegangener Briefe oder die detaillierte Darstellung zurückliegender Sachverhalte passen nicht zur prägnanten inhaltlichen Gestaltung moderner Geschäftsbriefe. Etwas anderes ist es natürlich, wenn diese Ausführlichkeit aus rechtlichen Gründen geboten ist.

Ebenso überflüssig ist die Wiederholung des Betreffs oder der Informationen aus der Bezugszeichenzeile im Einleitungssatz.

Also nicht:
Betreff: Unsere Bestellung Nr. 231
Einleitungssatz: Wir beziehen uns noch einmal auf unsere Bestellung Nr. 231.

2.2.2 Hauptteil des Brieftextes

Die zentralen Inhaltspunkte kommen im Hauptteil des Brieftextes zur Sprache. Die Qualität des Hauptteils hängt aber nicht zuletzt von einer wirkungsvollen Reihenfolge der einzelnen Hauptgedanken ab. Bei der Festlegung der Gedankenabfolge im Hauptteil sind deshalb drei verschiedene Gliederungsgrundsätze zu beachten:

Grundsätzliche Gliederungsgesichtspunkte

1. Sachlogische Aspekte
   - *Sachliche Folgerichtigkeit berücksichtigen (z. B. bei rechtlichen Zusammenhängen).*
   - *Natürliche Chronologie beachten.*
   - *Argumentative Abfolge von Ansprüchen und Anspruchsbegründungen beachten.*

2. Psychologische Aspekte
   - *Unangenehme Mitteilungen am Textbeginn und am Textende vermeiden.*
   - *Empfänger auf negative Mitteilungen durch positive Aussagen vorbereiten.*
   - *Aufmerksamkeit und Interesse am Beginn des Briefes erzeugen.*

3. Prinzip der Steigerung
   - *Gedanken fortschreitend anordnen, z. B.*
   - *vom Bekannten zum Neuen*
   - *vom weniger Wichtigen zum Wichtigen*
   - *vom weniger Schwierigen zum Schwierigen*

Bei der Stoffsammlung werden alle Gedanken nacheinander notiert. Es kann nicht davon ausgegangen werden, dass diese zufällige Reihenfolge bereits den obigen Grundsätzen genügt. Eine entsprechende Überprüfung ist deshalb im Rahmen der Gliederung zwingend erforderlich. Dabei ist besonders auf die **psychologischen Gliederungsgrundsätze** zu achten.

Beispiel:
Gliederung des Briefes an das
Reisebüro „Hagemann Reisen GmbH"

Erläuterungen:

A. (1) Dank für die Anfrage
→ Einleitung durch Bezug auf einen zurückliegenden schriftlichen Kontakt

B. (2) Werbewirksame Darstellung des Hotels
→ Beachtung von psychologischen Gliederungsgrundsätzen: Weckung von Interesse und Vermeidung von Negativem am Textbeginn

(3) Information über die Belegung des Hotels
→ Beachtung eines sachlogischen Gliederungsgrundsatzes: sinnvolle Abfolge von Tatsachen-

(4) Überzeugende Begründung für die Absage
→ feststellung und Begründung

(5) Aufzeigen einer Alternative
→ Beachtung eines psychologischen Gliederungsgrundsatzes: Darstellung von Positivem nach einer negativen Mitteilung an den Empfänger

C. (6) Ausdruck der Hoffnung auf eine zukünftige Zusammenarbeit
→ Abschluss durch einen positiven Ausblick in die Zukunft

2.2.3 Schluss des Brieftextes

Ein persönliches Gespräch bricht man in der Regel nicht abrupt ab. Gleiches gilt für den Geschäftsbrief. Auch er stellt einen Gedankenaustausch zwischen zwei Kommunikationspartnern dar. Für die inhaltliche Gestaltung des Schlusssatzes bzw. Schlussabschnittes stehen drei Grundgedanken zur Verfügung:

Grundgedanken für den Schlusssatz

1. Bitte um Verständnis für eine getroffene Entscheidung

2. Bitte um Antwort bzw. unverzügliche Bearbeitung des Sachverhaltes

3. Positiver Ausblick in die Zukunft

Die in der Stoffsammlung zusammengetragenen Gedanken sind dahingehend zu überprüfen, ob bereits ein geeigneter Ansatzpunkt für den Briefabschluss vorliegt. Andernfalls muss noch ein Schlussgedanke durch gezielte Überlegungen ergänzt werden.

2.3 Textausführung

Auch bei der Ausführung des Brieftextes sind wieder drei Arbeitsschritte einzuhalten:

(1) Erstentwurf	(2) Korrektur	(3) Endfassung

Die gegliederte Stoffsammlung stellt die Grundlage für die Formulierung des Brieftextes dar. Im Wesentlichen kommt es nur noch darauf an, die Gliederungspunkte in Form vollständiger Sätze miteinander zu verbinden.

Nur in Ausnahmefällen gelingt auf Anhieb eine einwandfreie Formulierung. Häufig wird man die erste Fassung kurz überarbeiten müssen.[1]

Zuletzt ist die Endfassung in eine Vordruck-Vorlage zu übertragen. Dabei sind die Schreib- und Gestaltungsregeln für die Textverarbeitung (DIN 5008) zu beachten.[2]

---

[1] *Vergleiche dazu das Kapitel „Sprachliche Gestaltung des Briefes", Seite 47 ff.*
[2] *Vergleiche dazu das Kapitel „Schreib- und Gestaltungsregeln für die Textverarbeitung (DIN 5008)", Seite 15 ff.*

Brief des Hotels „Haus Waldsee e. K." an das Reisebüro „Hagemann Reisen GmbH".

Hotel Haus Waldsee e. K.

Haus Waldsee e. K. / Tannengrund 1 / 46539 Dinslaken

Reisebüro
Hagemann Reisen GmbH
Frau Hagenloh
Bonner Talweg 149
53113 Bonn

Ihr Zeichen, Ihre Nachricht vom	Unser Zeichen, unsere Nachricht vom	Telefon, Name 02064 3323-	Datum
ha-fe 2013-04-02	sr-lo	11 Frau Schneider	2013-04-04

Hotelbuchung für eine Reisegruppe

Sehr geehrte Frau Hagenloh,

für Ihre Anfrage und das darin zum Ausdruck gebrachte Vertrauen danken wir sehr herzlich.

Durch die moderne Ausstattung, die ausgezeichnete Küche und die Lage in reizvoller Landschaft eignet sich unser Haus gerade auch für die Unterbringung von Reisegruppen. Nähere Informationen über den hohen Standard unseres Hotels können Sie dem beigefügten Prospekt entnehmen.

Umso mehr bedauern wir, Ihre Reisegruppe in der Zeit vom 30. April bis zum 2. Mai 2013 nicht aufnehmen zu können.

An diesem Wochenende ist unser Hotel durch eine Hochzeitsgesellschaft belegt.

Es besteht jedoch die Möglichkeit, Ihre Gruppe in einem anderen Haus am Ort unterzubringen. Das Hotel „Zum Waldfrieden", Waldweg 12, 46539 Dinslaken, verfügt ebenfalls über einen sehr guten Service und ist hinsichtlich der Ausstattung mit unserem Haus vergleichbar. Wir haben deshalb Ihre Anfrage an die Geschäftsführerin, Frau Wessendorf, weitergeleitet. Sie wird sich umgehend mit Ihnen in Verbindung setzen.

Wir hoffen, Ihnen damit geholfen zu haben, und würden uns freuen, wenn wir in Zukunft andere Reisegruppen Ihrer Unternehmung bei uns begrüßen könnten.

Mit freundlichem Gruß

HOTEL HAUS WALDSEE E. K.

i. V.
Lisa Schneider

Anlage
1 Hausprospekt

| Haus Waldsee e. K.
Tannengrund 1
46539 Dinslaken | Telefon
02064 3323 - 1 | Fax
02064 332377 | Internet
www.hotel-wald.de
E-Mail
hotel.wald@aol.com | Postbank Essen
BLZ 360 100 43
Kto.-Nr. 23 567 126
St.-Nr.: 101/4218/0478 |

Zusammenfassung

Gehen Sie beim Schreiben von Geschäftsbriefen systematisch vor.

1. Sammeln Sie Stoff.	Notieren Sie stichwortartig die Hauptgedanken für Ihren Brief.
2. Gliedern Sie Ihre Stoffsammlungsliste	
– Einleitung	„Fallen Sie nicht mit der Tür ins Haus." Beginnen Sie mit einem einleitenden Hinweis. Erzeugen Sie Aufmerksamkeit und Interesse.
– Hauptteil	Ordnen Sie die Hauptgedanken in einer sinnvollen Reihenfolge (Sachlogik, zeitliche Reihenfolge u. a.). Umrahmen Sie negative Mitteilungen mit positiv wirkenden Aussagen.
– Schluss	Brechen Sie nicht abrupt ab. Suchen Sie einen abrundenden Gedanken. Schließen Sie mit einem positiven Gedanken ab.
3. Schreiben Sie vor.	Entwerfen Sie entsprechend Ihrer Gliederungsskizze einen ersten Formulierungsvorschlag.
4. Überarbeiten Sie Ihr Konzept.	Überprüfen Sie Ihre Rechtschreibung und Zeichensetzung sowie Ihren Satzbau. Vermeiden Sie unnötige Wortwiederholungen. Verwenden Sie eine angemessene Sprache (siehe unten). Bilden Sie Absätze entsprechend den inhaltlichen Sinnabschnitten.
5. Fertigen Sie die Reinschrift an.	Benutzen Sie den richtigen Vordruck bzw. die richtige Dateivorlage. Beachten Sie die Regeln der DIN 5008.

Übungen

1. *Welche Zielsetzungen werden die Absender der folgenden Briefe mit ihren Schreiben verfolgen? Führen Sie unter Berücksichtigung dieser Absichten die Stoffsammlung durch.*

   a) **Absender:** Baustoffe Schneider GmbH, Kiesweg 23, 99094 Erfurt
   Empfänger: Bautreu GmbH, Berliner Platz 5, 34119 Kassel

   Die Schneider GmbH erhält von der Bauträgergesellschaft Bautreu GmbH eine Bestellung verschiedener Baustoffe im Gesamtwert von 25 800 EUR. Die Bautreu GmbH hat gegenüber der Baustoffhandlung bereits Verbindlichkeiten von 59 700 EUR, die teilweise schon fällig sind und angemahnt wurden.

b) **Absender:**   Elektroinstallation Westermann KG, Mittelstr. 67, 17489 Greifswald
Empfänger: Elek AG, Südring 34, 39112 Magdeburg

Die Westermann KG hat bei der Elek AG umfangreiches Material für die Erneuerung der Elektroinstallation in einem größeren Gebäudekomplex bestellt. Drei Tage nach der Bestellung erfährt die Westermann KG, dass ihr Auftraggeber zahlungsunfähig geworden ist. Die Renovierung des Gebäudekomplexes wird vorerst nicht erfolgen; die Materialien werden nicht benötigt.

c) **Absender:**   Reisebüro Schneider KG, Paulstr. 24, 18055 Rostock
Empfänger: Europa-Reisen Walther GmbH, Liststr. 5, 40470 Düsseldorf

Zu der Europa-Reisen Walther GmbH gehört u. a. das Hotel „Creta Royal" auf der Insel Kreta. Während der Sommersaison gehen von verschiedenen Kunden des Reisebüros Beanstandungen über das Hotel ein. Folgende Kritikpunkte stehen im Mittelpunkt: unfreundliche Bedienung, mangelhafter Zimmerservice, unsaubere Zimmer, schlechtes Frühstück. Das Reisebüro Schneider ist noch bis zum Jahresende vertraglich an die Agentur gebunden.

2. Schreiben Sie die folgenden Briefe. Halten Sie die Arbeitsschritte „Stoffsammlung – Gliederung – Ausführung" ein. Sorgen Sie dafür, dass Ihr Brieftext die Grundabschnitte „Einleitung – Hauptteil – Schluss" deutlich erkennen lässt. Beachten Sie insbesondere psychologische Gliederungsgrundsätze.

a) **Absender:**   Druckerei Sieger GmbH, Nordstr. 20, 15234 Frankfurt/Oder
Empfänger: Heimtextilien Heiliger KG, Friedrich-Ebert-Str. 5, 15234 Frankfurt/Oder

Zum Ausgleich einer Rechnung über 5 490 EUR überweist die Heiliger KG laut Kontoauszug 5 325,30 EUR. Die Wertstellung der Gutschrift erfolgt zum 19. Mai... Die Rechnung ist der Heiliger KG aber bereits am 30. April ... zugestellt worden. Die Zahlungsbedingungen der Druckerei Sieger GmbH lassen aber nur bei Zahlung innerhalb von 10 Tagen einen 3 %igen Skontoabzug zu.

b) **Absender:**   Bauunternehmung Karl Müller e. K., Badische Str. 34, 44339 Dortmund
Empfänger: Baustoffgroßhandlung Baudeck GmbH, Falkenstr. 123, 44137 Dortmund

Die Bauunternehmung Karl Müller e. K. hat bei der Baustoffgroßhandlung Baudeck GmbH mehrere Lieferungen Baustoffe bezogen. Die Rechnungen werden in den nächsten Tagen fällig. Die Bauunternehmung benötigt jedoch eine Verlängerung der Zahlungsziele, denn erst in zwei Monaten wird sie wieder liquide sein. Die Bauunternehmung bittet deshalb um Stundung und bietet dabei geeignete Kreditsicherungen an.

c) **Absender:**   Kesselbau GmbH, Industrierandstr. 90, 08060 Zwickau
Empfänger: Stahl AG, August-Thyssen-Str. 12, 47166 Duisburg

Für einen Großauftrag benötigt die Kesselbau GmbH Stahlplatten verschiedener Profilierung im Gesamtwert von 65 000 EUR. Wegen der Zahlungsabwicklung des Großauftrages benötigt die Kesselbau GmbH beim Einkauf der Stahlplatten ein Zahlungsziel von 6 Monaten. Zwischen der Kesselbau GmbH und der Stahl AG bestehen noch keine Geschäftsbeziehungen.

3. Analysieren Sie die beiden folgenden Briefe. Welche Ziele verfolgt der Absender? Welche psychologischen Aspekte berücksichtigt er bei der Gliederung seiner Brieftexte?

 **Postbank**

Postbank Zentrale · Postfach 4000 · 53105 Bonn

Herrn
Anton Schmitz
Heidstraße 26
53332 Bornheim

Für Rückfragen rund um die Uhr:
0180 3040444
9 Cent/Minute aus dem dt. Festnetz;
Mobilfunktarif max. 42 Cent/Minute

04. September 2013

Vergolden Sie Ihre Reisekasse mit der VISA Card GOLD: im 1. Jahr gratis!

Sehr geehrter Herr Schmitz,

auf Ihren nächsten Urlaub können Sie sich besonders freuen! Denn Ihre neue Postbank VISA Card GOLD ist die perfekte Urlaubsvorbereitung: Sie sind vielseitig abgesichert, sparen sich teure Zusatzversicherungen und können weltweit bargeldlos bezahlen!

- **Gut geschützt reisen:** Reiserücktrittskostenversicherung und Auslandsreisekrankenversicherung sind inklusive!

- **Flexible Urlaubseinkäufe:** Sie können sofort genießen – und auf Wunsch später in kleinen Teilbeträgen bezahlen!

- **Weltweit sicher bezahlen:** Bei ordnungsgemäßem Gebrauch haften Sie nicht bei Kartenverlust oder -diebstahl

Senden Sie uns einfach den beiliegenden Auftrag **bis zum 31.03.2014** zurück und genießen Sie Ihre goldwerten Reisevorteile **im 1. Jahr gratis** (danach 49 Euro jährlich). Schon innerhalb einer Woche halten Sie Ihre Postbank VISA Card GOLD in den Händen!

Mit freundlichen Grüßen

Martina Brand

**Schnell antworten und im
1. Jahr 49 Euro sparen!**

Martina Brand
Kundenbetreuung

PS: Mit der Postbank VISA Card GOLD genießen Sie noch einen zusätzlichen Reise-Vorteil:
5 % Rückvergütung des Buchungspreises bei unserem Kooperationspartner Urlaubsplus!

Postbank Zentrale
Friedrich-Ebert-Allee 114–126
53113 Bonn
www.postbank.de

Aufsichtsrat: Rainer Neske, Vorsitzender
Vorstand: Stefan Jütte, Vorsitzender
Dr. Mario Daberkow, Marc Heß, Horst Küpker,
Dr. Michael Meyer, Hans-Peter Schmid, Ralf Stemmer

Deutsche Postbank AG

Amtsgericht Bonn
HRB 6793

CosmosDirekt.

**Raus in den Sommer.
Aber sicher, Herr Wegener!**

24 Stunden
persönlich für Sie da:
**Telefon 0681-9 66 66 66
cosmosdirekt.de**

CosmosDirekt · Halbergstraße 50–60 · 66101 Saarbrücken

Herrn
Max Mustermann
Musterstraße 1
12345 Musterstadt

Sehr geehrter Herr Mustermann,   Saarbrücken, 23.05.2013

Ihnen geht es doch bestimmt auch so: Das Leben macht ein klein wenig mehr Spaß, wenn die Sonne lacht
und uns mit ihren warmen Strahlen verwöhnt. Urlaubspläne werden geschmiedet, ein Autokauf geplant oder
wir genießen es einfach wieder draußen aktiv zu sein.

Was immer Sie vorhaben – Ihr Interesse an CosmosDirekt ist genau richtig. Wir stehen Ihnen mit
maßgeschneiderten Versicherungslösungen zur Seite:

- Profitieren Sie **bei Ihrer Autoversicherung** von **bis zu 25 % Rabatt.**
- Sichern Sie sich **sofort weltweiten Unfallschutz und zahlen Sie nix bis Oktober.**[1]
- Packen Sie **günstigen Reise-Schutz** ein und freuen Sie sich beruhigt auf die schönste Zeit des Jahres.

Starten Sie jetzt durch und profitieren Sie von Ihren Vorteilen. Mehr Infos unter **cosmosdirekt.de** und
in beiliegendem Prospekt. Haben Sie Fragen, rufen Sie uns an: **0681-9 66 66 66.** Wir sind rund um die Uhr,
7 Tage die Woche persönlich für Sie da.

Viele Grüße aus Saarbrücken
Ihr

Uwe Braun

Uwe Braun
Leiter 24-Stunden-Beratungsservice

PS: Wir schützen Sie, wo immer Sie sind.
Mit maßgeschneiderten Versicherungslösungen.
Sicherer unterwegs mit einem Click: cosmosdirekt.de

MOB 4-5 (05.11)

1) Im Rahmen unserer Sonder-Aktion (vom 09.05. bis 30.06.2011) gewähren wir Ihnen beitragsfrei ab Antragseingang einen verlängerten vorläufigen Versicherungsschutz VVS (eingeschränkte Leistungen)
bis zum 30.09.2011. Im Übrigen gelten die Allgemeinen Bedingungen für den VVS in der Unfallversicherung.

**Ihr persönlicher Extra-Vorteil,
Herr Wegener!**

**Profitieren Sie bei Ihrer
Autoversicherung von bis zu**

25 % Rabatt!

Einfach „Denkzettel" herausbrechen
und als Merker nutzen!

CosmosDirekt.

„Denkzettel"

persönlich für:

Frank Wegener

CosmosDirekt. Die Versicherung.

3   Sprachliche Gestaltung des Briefes

Die sprachliche Gestaltung ist der dritte der drei Gestaltungsbereiche:

3 | Form des Briefes | Inhalt des Briefes | **Sprache des Briefes** |

Bei der Formulierung des Brieftextes sind wiederum drei Gesichtspunkte zu beachten.

3 | Stil | Rechtschreibung | Grammatik |

3.1   Briefstil

Sie nehmen an einem betrieblichen Rhetorikseminar teil und analysieren den folgenden Text.

Ratschläge für einen guten Redner

Fang nie mit dem Anfang an, sondern immer drei Meilen vor dem Anfang! Etwa so: „Meine Damen und meine Herren! Bevor ich zum Thema des heutigen Abends komme, lassen Sie mich Ihnen kurz ..."

Sprich, wie du schreibst. Und ich weiß, wie du schreibst.

Sprich mit langen, langen Sätzen – solchen, bei denen du, der du dich zu Hause, wo du ja die Ruhe, deren du so sehr benötigst, deiner Kinder ungeachtet, hast, vorbereitest, genau weißt, wie das Ende ist, die Nebensätze schön ineinandergeschachtelt, so dass der Hörer, ungeduldig auf seinem Sitz hin und her träumend, sich in einem Kolleg wähnend, in dem er früher so gern geschlummert hat, auf das Ende solcher Periode wartet ... nun, ich habe dir eben ein Beispiel gegeben. So musst du sprechen ...

Kümmere dich nicht darum, ob die Wellen, die von dir ins Publikum laufen, auch zurückkommen – das sind Kinkerlitzchen. Sprich unbekümmert um die Wirkung, um die Leute, um die Luft im Saale; immer sprich, mein Guter. Gott wird es dir lohnen.

Du musst alles in die Nebensätze legen. Sag nie: „Die Steuern sind zu hoch." Das ist zu einfach. Sag: „Ich möchte zu dem, was ich soeben gesagt habe, noch kurz bemerken, daß mir die Steuern bei weitem..." So heißt das ...

Quelle: Kurt Tucholsky: Ausgewählte Werke. Bd. 1. Rowohlt Verlag. Reinbek 1965. Seite 187 ff.

Arbeitsaufträge

1. Woran erkennen Sie, dass der von Tucholsky verfasste Text ironisch gemeint ist?

2. Leiten Sie aus diesem Text Ratschläge für einen guten Redner ab.

3. Übertragen Sie Ihre Ergebnisse auf die sprachliche Gestaltung von Brieftexten. Worauf ist hinsichtlich der Ausdrucksweise in geschäftlichen Briefen besonders zu achten?

Unter einem guten Stil ist eine angemessene Darstellungsweise zu verstehen. Das heißt, der Redner, aber auch der Briefschreiber müssen ihre Ausdrucksweise ihrer **Intention** und der **Situation** anpassen. Nur dann erzielen sie die Wirkung, die ihren Absichten entspricht.

3.1.1 Intention als stilbeeinflussender Faktor

3 Mit jedem Geschäftsbrief sollen bestimmte Ziele erreicht werden. Über diese Absichten muss man sich als Schreiber von vornherein Klarheit verschaffen. Nicht nur die Festlegung der Inhaltspunkte[1], sondern auch die Ausdrucksweise ist auf diese Intention abzustimmen. In Abhängigkeit von der Zielsetzung sind drei Arten von Brieftexten zu unterscheiden:

1. Informierende Brieftexte
In vielen Geschäftsbriefen soll der jeweilige Empfänger in erster Linie über bestimmte Sachverhalte informiert werden (z. B. Lieferanzeige an einen Kunden).
Informationen kommen am besten an, wenn sie eindeutig und einfach formuliert sind.

2. Appellative Brieftexte
Manchmal ist die Information nicht die Hauptaufgabe eines Geschäftsbriefes. Der Empfänger soll vielmehr zu bestimmten Handlungen veranlasst werden (z. B. Anregung zum Kauf im Werbebrief).
Appelle werden am ehesten befolgt, wenn sie überzeugend formuliert sind.

3. Mischtexte
In den meisten Geschäftsbriefen vermischen sich informierende und appellative Elemente. Die Darstellungsweise hat sich dann beiden Zielsetzungen anzupassen.

---

[1] Vgl. Seite 36 ff.

3.1.2 Situation als stilbeeinflussender Faktor

 Jeder Geschäftsbrief wird vor dem Hintergrund einer bestimmten Sachlage verfasst. Diese Situation muss sich in der Ausdrucksweise widerspiegeln, wenn man den richtigen Ton treffen will. Im Wesentlichen sind drei situative Aspekte von Bedeutung.

1. Wirtschaftliche Rahmenbedingungen
Zwischen Absender und Empfänger eines Geschäftsbriefes besteht in der Regel ein wirtschaftliches Abhängigkeitsverhältnis. Diese wirtschaftlichen Rahmenbedingungen sind ein wichtiger situativer Faktor, der bei der Formulierung zu berücksichtigen ist. Die Mängelrüge an einen Lieferer wird sich demzufolge in stilistischer Hinsicht vom Mahnbrief an einen Kunden, den man nicht verlieren will, unterscheiden.

2. Rechtliche Rahmenbedingungen
Gerade Geschäftsbriefe werden oft vor einem bestimmten rechtlichen Hintergrund verfasst. Diese rechtlichen Bedingungen müssen bei der Darstellungsweise beachtet werden. Bestehen an einen Lieferer Rechtsansprüche, wird der Ton des Briefes ein anderer sein, als wenn man von dem Geschäftspartner eine Kulanzleistung[1] erbittet.

3. Unternehmenskultur und persönliche Rahmenbedingungen
Seitens des Absenders wird der Stil sicherlich auch entscheidend von der Unternehmenskultur (Corporate Culture, Corporate Behaviour) beeinflusst. Diese muss jede Unternehmung grundsätzlich für sich abklären. Auch die persönliche Situation des Adressaten ist bei der Formulierung zu berücksichtigen. Dies betrifft zum Beispiel den Einsatz von Fremdwörtern. In einem Schreiben an einen Privatkunden wird man den Gebrauch von Fachausdrücken gegebenenfalls einschränken müssen.

3.1.3 Stilistische Anforderungen an einen Geschäftsbrief

Der Schreiber eines Geschäftsbriefes muss klar und kurz informieren, überzeugend argumentieren und situationsangemessen formulieren.

Die Beachtung der folgenden zehn Regeln trägt dazu bei, dieses Ziel zu erreichen.

1. Formulieren Sie präzise[2] und verständlich, indem Sie ...

... eindeutige Begriffe verwenden, die beim Leser des Briefes eine genaue Vorstellung auslösen.

Beispiel

nicht so:
Die Lampenschirme sind *fehlerhaft*.

besser so:
Die Lampenschirme *weisen Risse von ca. 2 cm Länge auf.*

---

[1] *Kulanz: Entgegenkommen im Geschäftsverkehr*
[2] *präzise: genau, klar, eindeutig*

... Fachausdrücke und Fremdwörter nur einsetzen, wenn sie notwendig sind oder wenn Sie davon ausgehen können, dass der Adressat sie versteht.

Beispiel
Brief an einen Privatkunden ohne juristische Fachkenntnisse:

nicht so:	besser so:
Eine *Wandelung* des Vertrages ist nicht möglich.	Der Kauf kann nicht *rückgängig gemacht* werden.

Ersetzen Sie Fachausdrücke aber nur, wenn dadurch die Genauigkeit Ihrer Aussage nicht beeinträchtigt wird. Insbesondere juristische Fachwörter lassen sich oft nicht umschreiben.

Übungen

1. Prüfen Sie, ob die folgenden Aussagen präzise formuliert sind, und verbessern Sie sie gegebenenfalls.

1. Der Vortrag Ihres Abteilungsleiters war gut.

2. Wir raten deshalb davon ab, diesem Kunden einen größeren Liefererkredit zu gewähren.

3. Die Auftragswerte der Sonderbestellungen können grundsätzlich nicht bei der Bonusberechnung berücksichtigt werden.

4. Unser Angebot wird Ihnen sicherlich zusagen.

5. Der vereinbarte Liefertermin ist schon lange überschritten.

6. Wir setzen Ihnen nochmals eine Nachfrist von einigen Tagen.

7. Die Qualität Ihrer Produkte hat uns doch enttäuscht.

8. Bei kleineren Bestellungen müssen wir einen geringfügigen Mindermengenzuschlag berechnen.

9. Bei Aufträgen ab einer bestimmten Größenordnung können wir einen attraktiven Rabatt gewähren.

10. Die wirtschaftliche Situation Ihres potenziellen Kunden ist problematisch.

11. Bei Herrn Schneider handelt es sich um einen guten Mitarbeiter.

2. Prüfen Sie, ob für die Fremdwörter ein gleichwertiger deutscher Ausdruck zur Verfügung steht.

1. Diese Reklame richtet sich nicht in erster Linie an den Konsumenten.

2. Wir sind sicher, dass Sie unseren Konkurrenten bessere Konditionen offerieren.

3. Von dieser Maßnahme ist aber nur eine Minorität unserer Klientel betroffen.

4. Wir müssen die Bestellmenge auf 1 000 Stück limitieren.

5. Wir geben den Wechsel mit einem Blankoindossament weiter.

6. An unserem Erfolg sollen auch unsere Kunden partizipieren.

7. Eine Prolongation des Wechsels kommt für uns nicht infrage.

8. Somit beträgt die Fristüberschreitung effektiv 23 Tage.

9. Wir haben explizit darauf hingewiesen, dass ein Skontoabzug nicht möglich ist.

10. Unseren Außendienstmitarbeitern haben wir entsprechende Direktiven gegeben.

2. Formulieren Sie prägnant[1], ohne überflüssigen Wortballast, indem Sie ...

... Doppelaussagen („weiße Schimmel") vermeiden.

Beispiel

nicht so:
Einzelne Details entnehmen Sie
bitte dem beiliegenden Prospekt.

besser so:
Details entnehmen Sie bitte dem
beiliegenden Prospekt.

... überflüssige Wörter (vor allem Adjektive) streichen.

Beispiel

nicht so:
Die *durchgeführte Messe* war für
uns ein großer Erfolg.

besser so:
Die *Messe* war für uns ein großer Erfolg.

... umständliche Wendungen im Nominalstil durch treffende Verben ersetzen.

Beispiel

nicht so:
Wir müssen Ihnen leider *die
Mitteilung machen*, dass ...

besser so:
Wir müssen Ihnen leider *mitteilen*, dass ...

Übungen

1. Berichtigen Sie in den folgenden Sätzen die Doppelaussagen.

1. *Ihrer Rückantwort sehen wir mit Interesse entgegen.*

2. *Beim Zusammenaddieren ist uns ein Fehler unterlaufen.*

3. *Unseren Vorentwurf haben wir Ihnen heute zugeschickt.*

4. *Von jedem unserer Verkaufsmitarbeiter erwarten wir ein sensibles Feingefühl für die Kundenansprüche.*

5. *Die Einhaltung der rechtlichen Rahmenbedingungen ist für unser Unternehmen ein Grundprinzip.*

6. *Es könnte möglich sein, dass die Umsätze in der Urlaubszeit stagnieren.*

7. *Im Monat Mai sind unsere Kapazitäten voll ausgelastet.*

8. *Unsere neu renovierte Niederlassung in Oberhausen wird Sie begeistern.*

9. *Zu unserem Bedauern müssen wir Ihnen leider 500,00 EUR berechnen.*

10. *In den letzten Jahren haben wir verstärkt weibliche Mitarbeiterinnen eingestellt.*

11. *Die Testversuche in unserem Labor konnten noch nicht abgeschlossen werden.*

12. *Die neue Kollektion wird mit den Standardartikeln Ihres Sortimentes gut zusammen-harmonieren.*

13. *Es ist ein großer Fehler, wenn man als Verkäufer seinen Kunden etwas aufoktroyieren will.*

14. *Die Entstehungsursache des Brandes konnte noch nicht geklärt werden.*

15. *Aus kulantem Entgegenkommen erhalten Sie die Rückvergütung des Kaufpreises.*

---

[1] prägnant: knapp und treffend

16. Die Untersuchungen haben wir in unserem eigenen Labor durchgeführt.

17. Im August sind unsere Kapazitäten voll ausgelastet.

18. Schon wieder müssen wir Sie erneut an die Begleichung der Rechnung erinnern.

2. Formulieren Sie die folgenden Sätze prägnanter, indem Sie überflüssigen Wortballast streichen.

1. Die bestellten Stehlampen haben wir gestern von Ihnen erhalten.

2. Unser Kundendienst-Service wird Sie in den nächsten Tagen aufsuchen.

3. Bei nahezu fast allen Geräten ist die Stromversorgung defekt.

4. Die bestehenden Schwierigkeiten müssen bis zum nächsten Monat Januar behoben sein.

5. Nach Beendigung der Konferenz können Sie bei Interesse an einer Betriebsbesichtigung teilnehmen.

6. Eventuell auftretende etwaige Reklamationen richten Sie bitte an unseren Außendienst.

7. Wir werden mit unseren Forschungsaktivitäten weiter fortfahren.

8. Sie werden verstehen, dass wir keinem unserer Kunden besondere Privilegien einräumen können.

9. Unsere gedanklichen Überlegungen haben noch zu keinem Ergebnis geführt.

10. Wir sollten auch in Zukunft regelmäßig jede Woche miteinander korrespondieren.

11. Die von Ihnen gewünschte Qualität kann von uns geliefert werden.

12. Zu unserem Bedauern ist unsere Rechnung leider von Ihnen bis heute noch immer nicht beglichen worden.

13. Das Schreiben ist erst am 30. Oktober bei uns eingegangen.

14. Genauere Konkretisierungen entnehmen Sie bitte dem in der Anlage beiliegenden Prospekt.

15. Zwecks baldigster Erledigung dieser leidigen Angelegenheit ersuchen wir Sie um ein umgehendes Zurücksenden der Unterlagen.

3. Ersetzen Sie die folgenden Wendungen im Nominalstil durch treffende Verben.

eine Änderung vornehmen, in Angriff nehmen, in Anspruch nehmen, zur Anzeige bringen, in Betracht ziehen, die Buchung vornehmen, zur Durchführung bringen, in Erfahrung bringen, in Erwägung ziehen, die Feststellung machen, die Hoffnung haben, eine Kontrolle durchführen, eine Mitteilung machen, in Rechnung stellen, zur Verrechnung bringen, in Zusammenhang stehen, ein Angebot machen, eine Besichtigung vornehmen, eine Prüfung durchführen, einen Bericht erstatten, eine Beratung durchführen, den Beschluss fassen, ein Schriftstück mit einer Unterschrift versehen, den Dank aussprechen, einen Besuch abstatten

3. Verwenden Sie einen einfachen Satzbau, indem Sie …

… umfangreiche Satzgefüge in mehrere Hauptsätze zerlegen.

Beispiel

nicht so:

Ihre Reklamation, die erst am 16. Dezember eingegangen ist, haben wir sofort an den Hersteller weitergeleitet, weil eine aufwendige Materialprüfung, die in unserem Labor nicht möglich ist, durchgeführt werden muss, damit die Berechtigung von Schadenersatzansprüchen geklärt werden kann.

besser so:

Ihre Reklamation ist erst am 16. Dezember eingegangen. Wir haben sie sofort an den Hersteller weitergeleitet. Es muss nämlich eine aufwendige Materialprüfung durchgeführt werden, die in unserem Labor nicht möglich ist. Erst danach kann die Berechtigung von Schadenersatzansprüchen geklärt werden.

… überflüssige Sätze streichen und das Wesentliche in den Hauptsatz verlagern.

Beispiel

nicht so:

Wir *teilen Ihnen hiermit mit*, dass unser Reisender Sie in der nächsten Woche besuchen wird.

besser so:

Unser Reisender wird Sie in der nächsten Woche besuchen.

… Gliedsätze durch Satzteile oder Satzglieder ersetzen.

Beispiel

nicht so:

Nach der Nachbesserung, *die ohne Erfolg blieb*, steht uns das Recht auf Wandelung zu.

besser so:

Nach der *erfolglosen* Nachbesserung steht uns das Recht auf Wandelung zu.

Obwohl wir Sie bereits zweimal mahnten, haben Sie den Betrag bis heute nicht überwiesen.

Trotz zweier Mahnungen haben Sie den Betrag bis heute nicht überwiesen.

Übungen

1. Formulieren Sie die folgenden Sätze einfacher, indem Sie bevorzugt Verben einsetzen.

1. *Wir haben keine Preiserhöhung vorgenommen.*
2. *Die beiden Vorfälle stehen in keinem Zusammenhang.*
3. *Unser Reisender hat uns von Ihrem Interesse an unseren Produkten Mitteilung gemacht.*
4. *In Zukunft werden wir verstärkt bei Ihnen unsere Einkäufe tätigen.*
5. *Wir werden den Betrag in Abzug bringen.*
6. *Eine Außerachtlassung der allgemeinen Geschäftsbedingungen können wir nicht zulassen.*
7. *Wir ziehen eine größere Nachbestellung in Erwägung.*
8. *Bei allen unseren Produkten wird eine gewissenhafte Kontrolle durchgeführt.*
9. *Die Instandsetzung der Maschine wird eine Woche in Anspruch nehmen.*

10. Nächste Woche werden wir die Eröffnung unserer neuen Filiale vornehmen.

11. Die Artikel können Sie werktags bis 18:00 Uhr in Empfang nehmen.

12. Die Kosten werden wir Ihnen in Rechnung stellen.

13. Die Ware ist einer eingehenden Prüfung unterzogen worden.

2. Vereinfachen Sie den Satzbau, indem Sie kurze Sätze bilden, umstellen und Überflüssiges streichen.

1. Bei der Prüfung unserer Unterlagen, die wir heute durchführten, mussten wir leider feststellen, dass Sie die Rechnung, die wir Ihnen am 10. Juni zustellten, am 28. Juni unter Abzug von 3 % Skonto beglichen haben, obwohl unsere Zahlungsbedingungen, die Sie unseren allgemeinen Geschäftsbedingungen entnehmen können, nur dann einen Skontoabzug zulassen, wenn der Betrag innerhalb von 10 Tagen nach Rechnungsdatum überwiesen wird.

2. Unser geschultes Personal wird Sie am „Tag der offenen Tür", zu dem wir Sie noch rechtzeitig einladen werden, von der Leistungsfähigkeit unserer neuen Anlage, die seit vier Wochen den Probebetrieb aufgenommen hat und mit der wir den Anschluss an internationale Spitzentechnologie gewonnen haben, überzeugen.

3. Die Stofflieferung, die Sie in Ihrem Bestätigungsschreiben, das uns am 10. Februar zuging, für den 25. Februar zusagten, ist bis heute noch nicht eingetroffen, obwohl wir Sie in unserer Bestellung ausdrücklich darauf hingewiesen haben, dass wir die Stoffe bis zum Ende des Monats dringend benötigen, weil wir uns zu einer Terminlieferung verpflichtet haben, die wir unbedingt einhalten müssen, weil ansonsten eine Konventionalstrafe, die nicht unerheblich ist, zu leisten ist.

3. Streichen Sie in den folgenden Satzgefügen die überflüssigen Formulierungen und drücken Sie das Wichtige in einem Hauptsatz aus.

1. Wir müssen darauf hinweisen, dass die Steinplatten nicht der vereinbarten Qualität entsprechen.

2. Wir bitten Sie darum, den Liefertermin unbedingt einzuhalten.

3. In der Anlage übersenden wir Ihnen einen Prospekt, aus dem Sie unsere Lieferungs- und Zahlungsbedingungen entnehmen können.

4. Zu unserem Bedauern müssen wir feststellen, dass unsere Rechnung vom 29. Dezember bis heute nicht beglichen worden ist.

5. Wir teilen Ihnen hiermit mit, dass die gewünschte Qualität geliefert werden kann.

6. Wir weisen ausdrücklich darauf hin, dass die angebotenen Artikel nur bis zum 30. Juni geliefert werden können.

7. Wir dürfen daran erinnern, dass ein Rabatt von 10 % vereinbart wurde.

8. Achten Sie bitte darauf, dass die wertvollen Antiquitäten ordnungsgemäß verpackt werden.

9. Wir bitten Sie, die Ware bis zum 23. April bei unserem Spediteur abzuholen.

10. Wir fordern Sie hiermit auf, für die mangelhafte Ware unverzüglich Ersatz zu liefern.

11. Ansonsten sehen wir uns leider gezwungen, gegen Sie einen gerichtlichen Mahnbescheid zu beantragen.

12. Wir können leider nicht umhin, Ihnen mitzuteilen, dass wir den vereinbarten Liefertermin nicht einhalten können.

13. Wir machen vorsorglich darauf aufmerksam, dass die Lieferfrist drei Monate beträgt.

14. Wir stehen auf dem Standpunkt, dass Sie Ihre Konditionen der Marktlage anpassen müssten.

4. Ersetzen Sie die Nebensätze durch Satzteile.

1. Wir unterstützen den Vorschlag, den Frau Schneider unterbreitet hat.
2. Die Waren, die Sie gestern lieferten, sind mangelhaft.
3. Unsere Fertigungsstraße, die hochmodern ist, wird Ihnen unser leitender Ingenieur erklären.
4. Unser Katalog, der vollkommen überarbeitet worden ist, informiert Sie über unser Sortiment, das sicherlich sehr umfassend ist.
5. Wir sind eine Textilgroßhandlung, die sehr bekannt ist, und wollen unser Sortiment erweitern.
6. Vielen Dank für Ihr Angebot, das sehr ausführlich ist.
7. Den Mehrpreis, der nicht unerheblich ist, müssten wir Ihnen in Rechnung stellen.
8. Die Kosten, die uns entstanden sind, werden wir auch gerichtlich einklagen.
9. Bei dem Selbsthilfeverkauf, der am 19. Mai durchgeführt worden ist, konnte nur ein sehr geringer Preis erzielt werden.
10. Andernfalls müssen wir einen Mahnbescheid, der für Sie sehr kostspielig sein wird, beantragen.
11. Unser Lieferer, der ansonsten sehr zuverlässig ist, hat die Termine, die wir mit ihm vereinbart haben, nicht eingehalten.

4. Stellen Sie auch negative Sachverhalte positiv dar.

Beispiel

nicht so:
Die Lieferfrist beträgt leider sechs Wochen.

besser so:
Bereits sechs Wochen nach der Bestellung können Sie über die Ware verfügen.

Übungen

Formulieren Sie die Sachverhalte positiv.

1. Wir können Ihnen leider nur 10 % Rabatt gewähren.
2. Aufgrund einer schweren Liquiditätskrise können wir die Rechnung erst in acht Wochen bezahlen.
3. Wir können den vereinbarten Liefertermin nicht einhalten und erst zwei Wochen später liefern.
4. Leider kann die von uns zugesagte Qualität nicht eingehalten werden.
5. Aufgrund gestiegener Kosten müssen wir unsere Preise um 10 % erhöhen.
6. Leider können wir Ihnen nur ein Zahlungsziel von zehn Tagen einräumen.

5. Sprechen Sie den Adressaten persönlich an, indem Sie die Anredepronomen (Sie, Ihnen, Ihr) gezielt einsetzen.

Beispiel

nicht so:
Bei Zahlung innerhalb von zehn Tagen gewähren *wir* 2 % Skonto.

besser so:
Bei Zahlung innerhalb von zehn Tagen können *Sie* 2 % Skonto abziehen.

Übungen

Ersetzen Sie den „Wir-Stil" durch den „Sie-Stil".

1. Wir liefern die Ware in 14 Tagen.
2. Wir bitten um Zusendung eines ausführlichen Kataloges mit Preisliste.
3. Wir empfehlen eine umgehende Bestellung, da es sich um einen Restposten handelt.
4. Wir haben unser Sortiment erweitert und bieten nun auch Damenoberbekleidung an.
5. Wenn mich die Produktqualität zufriedenstellen wird, werde ich größere Bestellungen in Auftrag geben.
6. Wir versprechen eine sorgfältige und pünktliche Erledigung der Angelegenheit.
7. Wir senden unsere Kundenzeitschrift ab Juli zu.

6. Vermeiden Sie Belehrungen.

Beispiel

nicht so:
Wie Sie eigentlich wissen müssten, beträgt die gesetzliche Gewährleistungspflicht zwei Jahre.

besser so:
Die gesetzliche Gewährleistungspflicht beträgt zwei Jahre.

Übungen

Formulieren Sie um, sodass ein belehrender Ton vermieden wird.

1. Sie müssen jedoch zwischen Umtausch und Reklamation einer Ware unterscheiden. Der Unterschied zwischen diesen beiden Sachverhalten, sehr geehrter Herr Kurz, besteht darin, dass der Artikel bei einer Reklamation mangelhaft ist, während sich der Umtausch auf eine fehlerfreie Ware bezieht.
2. Es müsste Ihnen doch eigentlich bekannt sein, dass Schadensersatzansprüche infolge einer mangelhaften Lieferung nur unter bestimmten Voraussetzungen geltend gemacht werden können. Sie sollten sich über diesen Sachverhalt einmal in der Fachliteratur informieren.
3. Sie wissen doch ganz genau, dass wir nur ein Zahlungsziel von 30 Tagen einräumen.
4. Es ist ja schließlich kein Geheimnis, dass sich die Stahlbranche zurzeit in einer strukturellen Krise befindet.
5. Aus unserem Schreiben vom 12. Dezember geht doch wohl für jeden eindeutig hervor, dass unsere Preise ohne jeden Abzug zu zahlen sind.

7. Formulieren Sie Aufforderungen in einem angemessenen Ton, indem Sie ...

... auf umständliche und übertriebene Höflichkeitsfloskeln verzichten.

Beispiel

nicht so:
Wir möchten Sie höflichst bitten, die Ware umzutauschen.

besser so:
Bitte tauschen Sie die Ware um.

... Aufforderungen gezielt durch Bitten und Fragen ersetzen.

Beispiel

nicht so:
Wir erwarten die Unterlagen umgehend zurück.

besser so:
Können Sie die Unterlagen sofort zurückschicken?

... direkte Kaufaufforderungen (zum Beispiel in Angeboten oder Werbebriefen) vermeiden.

Beispiel

nicht so:
Kaufen Sie diese neuartigen Artikel.

besser so:
Nutzen Sie die Chance für eine sinnvolle Sortimentserweiterung.

Übungen

Formulieren Sie angemessenere Aufforderungen.

1. *Wir dürfen Sie herzlichst bitten, die vertraglich vereinbarten Konditionen einzuhalten.*
2. *Liefern Sie gefälligst innerhalb der zugesagten Frist.*
3. *Wir würden Sie freundlichst bitten, die fehlerhaften Artikel bis zum nächsten Besuch unseres Reisenden aufzubewahren.*
4. *Kommen Sie in unser Fachgeschäft und kaufen Sie für Ihren Mann dieses neuartige Modell.*
5. *Bestellen Sie unverzüglich, da wir nur noch wenige Exemplare vorrätig haben.*
6. *Wir möchten Sie auffordern, unsere Ausstellung zu besuchen.*
7. *Wir würden Sie bitten, uns in der nächsten Woche telefonisch zu informieren.*
8. *Sehen Sie möglichst davon ab, telefonische Vorabauskünfte einzuholen.*
9. *Informieren Sie sich gefälligst über die Rechtslage.*
10. *Wir dürfen Sie eingehend darum bitten, die Angelegenheit vertraulich zu behandeln.*

8. Bleiben Sie auch bei Kritik sachlich und höflich.

Beispiel

nicht so:
Anscheinend können Sie noch nicht einmal rechnen.

besser so:
Ihre Rechnung ist fehlerhaft.

Übungen

Verbessern Sie:

1. *Diese mangelhafte Qualität ist wieder einmal typisch für Ihr Haus gewesen.*
2. *Es ist eine Unverschämtheit, den Liefertermin nicht einzuhalten.*
3. *Die Beratung durch Ihren Kundendienst kann man getrost vergessen. Auch Ihre Mitarbeiter scheinen von der Materie keine Ahnung zu haben.*
4. *Sie glauben doch nicht im Ernst, dass wir mit diesen „Krüppelkiefern" zufrieden sind.*
5. *In Ihrem Hause scheint es drunter und drüber zu gehen, ansonsten hätten Sie diesen wichtigen Termin wohl nicht vergessen können.*
6. *Auf diesen faulen Kompromiss können wir uns auf keinen Fall einlassen.*
7. *Es dürfte Ihrer geschätzten Aufmerksamkeit entgangen sein, dass die Rechnung bereits seit 14 Tagen fällig ist.*
8. *Es ist eine Unverschämtheit, eine solch miese Qualität zu liefern.*
9. *Was bilden Sie sich eigentlich ein – ohne Rücksprache – die Qualität zu ändern.*

9. Schreiben Sie abwechslungsreich, indem Sie ...

... Wortwiederholungen durch sinnverwandte Wörter oder Pronomen vermeiden.

Beispiel

nicht so:
Die *Hemden* wurden heute geliefert. Bei der Prüfung der *Hemden* mussten wir jedoch feststellen, dass die *Hemden* nicht die vereinbarte Qualität aufweisen.

besser so:
Die *Artikel* wurden heute geliefert. Bei der *Waren*prüfung mussten wir jedoch feststellen, dass die *Hemden* nicht die vereinbarte Qualität aufweisen.

Frau Schneider war gestern in Leipzig. *Frau Schneider* teilt uns Folgendes mit.

Frau Schneider war gestern in Leipzig. *Sie* teilt uns Folgendes mit.

... Gliedsätze gelegentlich durch Infinitivsätze ersetzen.

Beispiel

nicht so:
Damit wir rechtzeitig liefern können, benötigen wir die Daten bis zum 15. März.

besser so:
Um rechtzeitig liefern zu können, benötigen wir die Daten bis zum 15. März.

... innerhalb von Hauptsätzen die Wortstellung variieren.

Beispiel

nicht so:
Frau Hartmann kehrte gestern aus Duisburg zurück. Sie berichtete sofort von Ihren eindrucksvollen Produktionsanlagen. Frau Hartmann ist von der neuen Papiermaschine begeistert.

besser so:
Frau Hartmann kehrte gestern aus Duisburg zurück. Sofort berichtete sie von Ihren eindrucksvollen Produktionsanlagen. Von der neuen Papiermaschine ist Frau Hartmann begeistert.

Durch eine geänderte Wortstellung wird auch die Betonung verlagert. Setzen Sie Satzglieder, die hervorgehoben werden sollen, an den Satzanfang.

Übungen

1. Suchen Sie für die folgenden Begriffe sinnverwandte Wörter (zum Beispiel Ware: Artikel, Produkt, Erzeugnis, Fabrikat).

   zahlen, günstig, liefern, Mitarbeiter, anbieten, bestellen, Absatz, berechnen, Fehler, prüfen, Erfahrung, Entschädigung, schnell, Umsatz, Termin, interessant, dringend, regeln

2. Ersetzen Sie die Gliedsätze durch Infinitivsätze.

   1. Wir bitten Sie, dass Sie den Wechsel akzeptieren.
   2. Wir müssen das Material in unserem Labor untersuchen, damit wir eventuelle Reklamationsansprüche abklären können.
   3. Damit Sie unnötige Kosten vermeiden, empfehlen wir Ihnen, dass Sie die Waren unverzüglich bei unserem Spediteur abholen.
   4. Es ist für uns sehr wichtig, dass wir die Ware pünktlich erhalten.
   5. Wir benötigen die Anlage bis zum 15. August, damit wir unsere Verpflichtungen einhalten können.
   6. Wir planen eine Sortimentserweiterung, damit wir den Ansprüchen unserer Kunden noch mehr entsprechen können.
   7. Die meisten Anbieter bemühen sich heutzutage, dass sie einwandfreie Qualität liefern.
   8. Es gelingt uns bis heute nicht, dass wir alle Außenstände rechtzeitig eintreiben.
   9. Man wird die Aufgabe nicht lösen können, ohne dass man sich gründlich in das Sachgebiet einarbeitet.
   10. Die Kunden müssen in die Handhabung der Geräte eingewiesen werden, damit sie die Unsicherheit verlieren.

3. Wechseln Sie die Wortstellung und verändern Sie somit die Betonung.

   1. Wir danken für Ihr Angebot.
   2. Sie können in Kürze mit weiteren Bestellungen rechnen.
   3. Wir gewähren ab 1 000 Stück einen Sonderrabatt von 15 %.
   4. Wir sind wegen der Geringfügigkeit des Mangels zu einer Minderung von 10 % bereit.
   5. Ich stehe zu einem persönlichen Gespräch gerne zur Verfügung.
   6. In Sekundenschnelle ist die Unfallstelle von allen Seiten fotografiert worden.
   7. Wir können Ihnen die Kamera in zwei Ausführungen zu einem besonders günstigen Preis beschaffen.
   8. Wir werden Ihre Auskunft streng vertraulich behandeln.
   9. Sie haben unsere Rechnung trotz verschiedener Zahlungserinnerungen immer noch nicht beglichen.
   10. Der beigefügte Katalog informiert Sie über unser reichhaltiges Angebot.

10. Schreiben Sie flüssig, indem Sie Sätze und Abschnitte Ihres Textes an geeigneten Stellen durch …

… Demonstrativpronomen verknüpfen (diese, dieser, dieses).

Beispiel

nicht so:
Wir haben die Ware unverzüglich kontrolliert. *Die* Prüfung hat folgende Mängel ergeben.

besser so:
Wir haben die Ware unverzüglich kontrolliert. *Diese* Prüfung hat folgende Mängel ergeben.

… Verbindungswörter verknüpfen (zum Beispiel: ferner, im Übrigen, außerdem, auch, deshalb, damit, daher, jedoch, aber, andernfalls).

Beispiel

nicht so:
An diesem Tag ist unser Hotel belegt. Ihre Gruppe kann in einem anderen Haus am Ort untergebracht werden.

besser so:
An diesem Tag ist unser Hotel belegt. Ihre Gruppe kann *jedoch* in einem anderen Haus am Ort untergebracht werden.

Übungen

Stellen Sie durch Demonstrativpronomen und Verbindungswörter Überleitungen her.

1. *Wir werden der Angelegenheit sorgfältig nachgehen. Sie werden in Zukunft keinen Grund mehr für ähnliche Beanstandungen haben.*
2. *Stehlampen bilden den Kern unseres Sortimentes. Wir bieten Hängelampen an.*
3. *Es handelt sich um ein neues technisches Verfahren. Beeinträchtigungen der Umwelt sind ausgeschlossen.*
4. *Unser geschultes Personal wird Ihnen unsere modernen Arbeitsgeräte vorstellen. Wir sind bemüht, alle Ihre Fragen zu beantworten.*
5. *Wir bitten Sie, den Betrag umgehend zu überweisen. Wir werden gerichtliche Schritte einleiten.*
6. *Der Kunde kauft seit vielen Jahren bei uns. Wir werden die Angelegenheit großzügig regeln.*
7. *Wir haben die Ware rechtzeitig an den Spediteur übergeben. Schadenersatzansprüche sind ausgeschlossen.*
8. *Wir können uns Ihre Annahmeverweigerung nicht erklären. Wir bitten Sie um eine Erläuterung Ihres Verhaltens.*
9. *Am 12. Dezember hat ein Gespräch in unserem Hause stattgefunden. Die Besprechung hat zu einem für beide Seiten zufriedenstellenden Ergebnis geführt.*
10. *Die Messe wird am 19. Mai eröffnet. Die Waren müssen bis zum 15. Mai geliefert werden.*
11. *Rechtliche Ansprüche bestehen nicht. Aus Kulanzgründen sind wir zu einer Minderung von 5 % bereit.*

Zusammenfassung

Intention und situativer Hintergrund – zentrale Einflussfaktoren auf die sprachliche Gestaltung von Brieftexten

Ihr Ziel (Ihre Intention)	Anforderungen an Ihren Briefstil (Ausdrucks- und Darstellungsweise)
Sie wollen den Adressaten sachlich informieren (z. B. Lieferanzeige an einen Kunden).	– Verwenden Sie verständliche, eindeutige und treffende Begriffe. – Verzichten Sie auf überflüssige, ausschmückende, wertende Formulierungen. – Verwenden Sie einen verständlichen Satzbau (einfache Satzreihen und Satzgefüge). – u. a.
Sie wollen den Adressaten zu einer Handlung veranlassen (z. B. Zahlungserinnerung an einen Kunden).	– Schreiben Sie im „Sie-Stil" (Sie, Ihnen, Ihr ...), weniger im „Wir-Stil". – Verzichten Sie auf übertriebene Höflichkeitsfloskeln. – Ersetzen Sie direkte Aufforderungen durch Bitten oder Fragen. – u. a.
Situativer Hintergrund/ Gesamtzusammenhang	**Anforderungen an Ihren Briefstil (Ausdrucks- und Darstellungsweise)**
Sie passen Ihre Ausdrucksweise Ihrer wirtschaftlichen oder persönlichen Beziehung zum Adressaten an (z. B. Brief an einen Lieferer oder Brief an einen Kunden).	– Bleiben Sie auch bei Kritik sachlich und höflich. – Unterlassen Sie herablassende Äußerungen, überhebliche Bemerkungen und plumpe Vertraulichkeiten. – u. a.
Sie passen Ihre Ausdrucksweise den rechtlichen Rahmenbedingungen an (z. B. Bitte um Kulanz oder Einforderung von Rechtsansprüchen).	– Setzen Sie Fachbegriffe ein, wenn sie notwendig sind. – Vermeiden Sie Belehrungen. – u. a.
Sie passen Ihre Ausdrucksweise Ihrer Unternehmenskultur an (z. B. Corporate Culture, Behaviour).	– Ersetzen Sie umständlich wirkende Nomen durch treffende Verben. – Stellen Sie nach Möglichkeit negative Sachverhalte positiv dar. – Formulieren Sie abwechslungsreich, variieren Sie Ihre Wortwahl und Ihren Satzbau. – u. a.

3.2 Rechtschreibung

Quelle: Jupp Wolter (Künstler), Haus der Geschichte, Bonn

„Dabei zeigt er andererseits oft eine erstaunliche Intelligenz; so kann er beispielsweise sämtliche TV-Werbespots auswendig aufsagen."

Der Geschäftsbrief ist die Visitenkarte einer Unternehmung. Sprachliche Fehler, z. B. fehlerhafte Rechtschreibung oder Grammatik, sind deshalb unbedingt zu vermeiden. Im Zweifelsfalle geben Rechtschreibwörterbücher (z. B. **Duden**, **Brockhaus Wahrig**) Auskunft. Hinsichtlich der Rechtschreibung sollten Sie sich auf drei Fehlerquellen konzentrieren. Diese Fehlerarten fallen dem Adressaten einerseits besonders auf, andererseits sind sie leicht zu vermeiden.

| Schreibweise der Anredepronomen | Schreibweise von das – dass | Schreibweise der Straßennamen |

Regelung der Rechtschreibung
Seit dem 1. August 2006 ist die reformierte deutsche Rechtschreibung Unterrichtsgrundlage an allen Schulen. Dieses reformierte Regelwerk stellt das Endergebnis von Reformbemühungen dar, die bereits im Jahre 1987 einsetzten. Hauptziel der Rechtschreibreform ist es, die Rechtschreibung systematischer und damit einfacher zu gestalten. Es werden aber keine neuen Regeln eingeführt. Vielmehr werden Grundregeln gestärkt und Ausnahmen sowie Ungereimtheiten weitgehend abgeschafft.

3.2.1 Schreibweise der Anredepronomen

Ausbilder gratuliert einer Auszubildenden: „Liebe Anke, ich gratuliere (i)hnen zu (i)hrer guten Prüfung."

Mehrere Arbeitskolleginnen gratulieren: „Liebe Anke, wir gratulieren (d)ir zu (d)einer guten Prüfung."

Liebe Anke,
ich gratuliere (d)ir zu (d)einer
guten Prüfung ...

③

Sehr geehrte Frau Klein,
zu (i)hrer bestandenen
Abschlussprüfung gratuliere
ich (i)hnen sehr herzlich.

④

Arbeitsauftrag

Entscheiden Sie, ob die Anredepronomen in den obigen Aussagen und Briefauszügen groß- oder kleinzuschreiben sind. Begründen Sie Ihre Entscheidung. Informieren Sie sich bei Bedarf anhand der folgenden Erläuterungen.

Die Schreibweise der Anredepronomen hängt davon ab, ob man den anderen „siezt" oder „duzt".

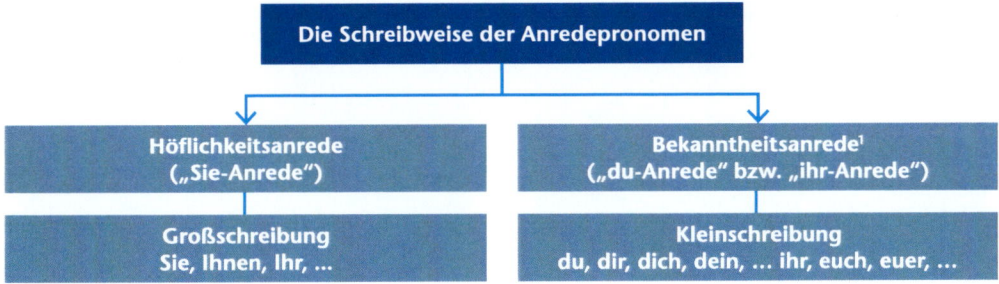

Die Schreibweise der Anredepronomen

Höflichkeitsanrede („Sie-Anrede")	Bekanntheitsanrede[1] („du-Anrede" bzw. „ihr-Anrede")
Großschreibung Sie, Ihnen, Ihr, ...	**Kleinschreibung** du, dir, dich, dein, ... ihr, euch, euer, ...

Übungen

1. a) *Welche Pronomen müssen in dem folgenden Brieftext großgeschrieben werden? Begründen Sie jeweils Ihre Entscheidung.*

---

[1] *Hinsichtlich der Bekanntheitsanrede ist eine Besonderheit zu beachten. In Brieftexten können die Anredepronomen auch großgeschrieben werden. Diese Wahlmöglichkeit im Falle der „du-Anrede"/„ihr-Anrede" gilt aber nur in Brieftexten.*

b) *Gehen Sie davon aus, dass sich Absender und Empfänger des Briefes sehr gut kennen, und ändern Sie die Anrede entsprechend ab. Wie müssen die Pronomen in diesem Fall geschrieben werden?*

Baron GmbH

Baron GmbH / Industriestr. 25 / 01129 Dresden

Elektrofachgeschäft
Kurt Schneider e. K.
Herrn Dieter Schläger
Altendorfer Straße 123
09113 Chemnitz

Ihr Zeichen, Ihre Nachricht vom	*Unser Zeichen, unsere Nachricht vom*	*Telefon, Name* *0351 5510-*	*Datum*
ds-wu 2014-05-19	mü-ge	78 Frau Münster	2014-05-24

Auskunft über die Elekom GmbH

Sehr geehrter Herr Schläger,

auf (i)hre Anfrage über unsere Erfahrungen mit der Elekom GmbH können wir (i)hnen mitteilen, dass wir mit (i)hrer Software sehr zufrieden sind.

Wie (s)ie sicherlich wissen, ist die Elekom GmbH eine Gesellschaft, die sich mit (i)hren Programmen auf den Fachhandel spezialisiert hat. Wir setzen (s)ie seit 13 Monaten ein und können (i)hnen versichern, dass wir mit (i)hnen unsere Büroorganisation wesentlich rationalisieren konnten.

Es wird (i)hnen bekannt sein, dass die Elekom GmbH in (i)hrem Sortiment verschiedene Software-Pakete führt. Aber insbesondere (i)hr Finanzbuchhaltungsprogramm dürfte auch auf (i)hre Bedürfnisse zugeschnitten sein. Wir sind der Überzeugung, dass auch (s)ie (i)hre Buchführung mit dieser Software wesentlich rationalisieren können.

Besonders wichtig wird auch für (s)ie sein, dass die Software der Elekom GmbH sehr benutzer-freundlich ist. Alle Programme verfügen über eine leicht verständliche Oberfläche, sodass (i)hre Mitarbeiter sich schnell mit (i)hnen vertraut machen und (s)ie effektiv einsetzen können. Selbstverständlich werden (s)ie auch ständig weiterentwickelt, sodass (s)ie sicher sein können, immer auf dem neuesten Stand der Softwaretechnik zu sein.

Wir hoffen, dass wir (i)hnen mit diesen Auskünften eine Entscheidungshilfe geben konnten.

Mit freundlichen Grüßen

BARON GMBH

i. A. *Münster*

Münster

Geschäftsräume *Industriestr. 25* *01129 Dresden*	*Telefon* *0351 5510 - 1*	*Fax* *0351 551099*	*E-Mail info@baron-gmbh.de* *Internet www.baron-gmbh.de*	*Postbank Leipzig* *BLZ 860 100 90* *Kto.-Nr. 7682 340 9* *St.-Nr.: 3202/5001/1486*

Rechtsform: Gesellschaft mit beschränkter Haftung / Sitz der Gesellschaft: Dresden / Amtsgericht Dresden HRB 211
Geschäftsführer: Kurt Baron, Dipl.-Ing. Ingeborg Baron

2. *Begründen Sie die Großschreibung der Anredepronomen in den Arbeitsaufträgen und Übungsaufgaben dieses Lehrbuches.*

3.2.2 Schreibweise von „das – dass"

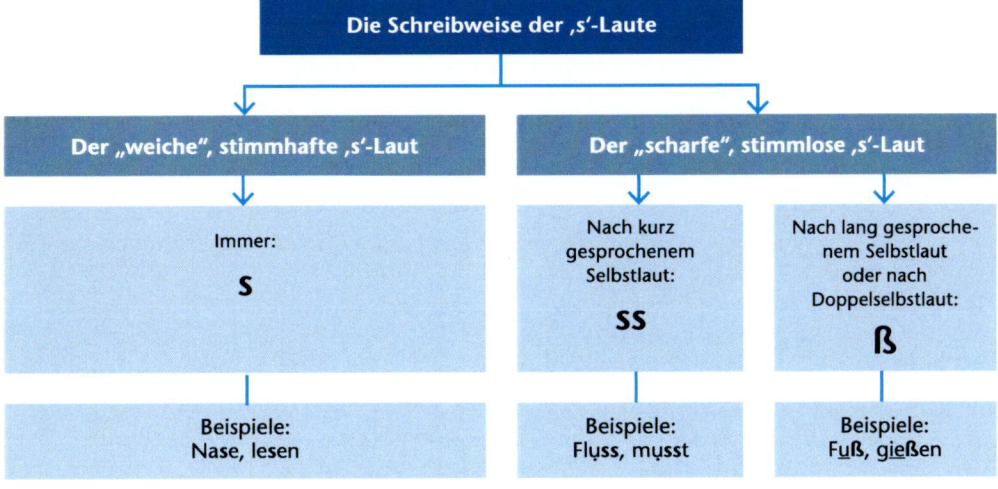

Arbeitsauftrag

Ergänzen Sie in der oberen Sprechblase „s" oder „ss". Begründen Sie Ihre Entscheidung. Nehmen Sie Stellung zu der Behauptung, das „ß" sei abgeschafft. Informieren Sie sich bei Bedarf anhand der folgenden Erläuterungen.

Im Bereich der *s-Schreibung (s, ss, ß)* muss man nach der Rechtschreibreform die Schreibweise systematisch und konsequent aus der Lautung/Aussprache ableiten.

Die Schreibweise der ‚s'-Laute		
Der „weiche", stimmhafte ‚s'-Laut	**Der „scharfe", stimmlose ‚s'-Laut**	
Immer: **S**	Nach kurz gesprochenem Selbstlaut: **ss**	Nach lang gesprochenem Selbstlaut oder nach Doppelselbstlaut: **ß**
Beispiele: Nase, lesen	Beispiele: Fluss, musst	Beispiele: Fuß, gießen

Dementsprechend ergibt sich für die Konjunktion *dass* die Schreibweise mit *ss*. Für *das* als Artikel und Pronomen gilt weiterhin die Schreibung mit *s*. Es wird damit deutlich, dass es auch nach der Rechtschreibreform erforderlich ist, zwischen *das* (Artikel und Pronomen) und *dass* (Konjunktion) im Satzzusammenhang unterscheiden zu können.

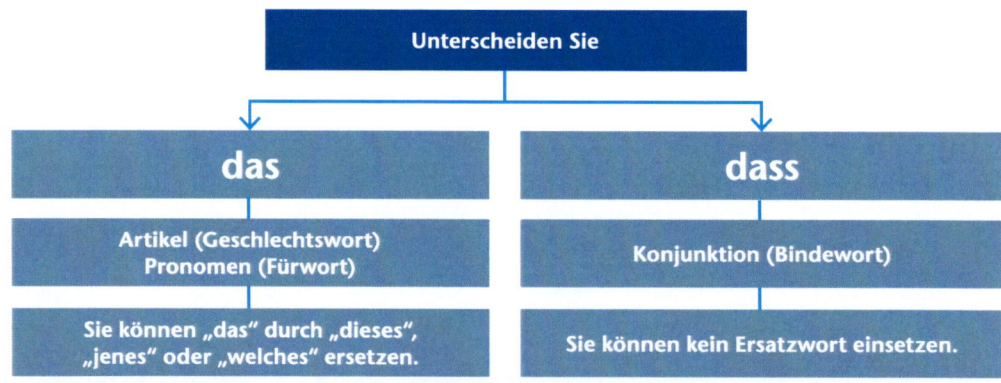

Wortart	Beispiel	Ersatz durch „dieses" oder „jenes" oder „welches"	Kurzregel
Artikel (Geschlechtswort)	**Das** Angebot sagt uns zu.	**Dieses** Angebot sagt uns zu.	Können die Ersatzwörter „dieses" oder „jenes" oder „welches" eingesetzt werden, schreibt man mit „s".
Relativpronomen (bezügliches Fürwort)	Ihr Angebot, **das** gestern eintraf, sagt uns zu.	Ihr Angebot, **welches** gestern eintraf, sagt uns zu.	
Demonstrativpronomen (hinweisendes Fürwort)	**Das**[1] Angebot wird Ihnen gefallen!	**Dieses** Angebot wird Ihnen gefallen!	
Konjunktion (Bindewort) zwischen Haupt- und Nebensatz	Wir hoffen, *dass* Ihnen unser Angebot zusagt.	Wir hoffen, *dieses* Ihnen unser Angebot zusagt. Wir hoffen, *jenes* Ihnen unser Angebot zusagt. Wir hoffen, *welches* Ihnen unser Angebot zusagt.[2]	Können die Ersatzwörter „dieses", „jenes" oder „welches" nicht eingesetzt werden, schreibt man mit „ss".

Übungen

1. „s" oder „ss" oder „ß"? Begründen Sie jeweils Ihre Entscheidung.

  1. Der Besprechungstermin pa▼t nicht in die Tagesplanung.

  2. Der Ausbilder ha▼t die Unaufmerksamkeit des Auszubildenden.

  3. Der neu eingestellte Arbeitnehmer mu▼te um neun Uhr zur Unterzeichnung des Vertrages erscheinen.

---

[1] *Das Wort „das" wird in diesem Satz betont ausgesprochen, um dieses Angebot besonders herauszustellen.*
[2] *Ein Ersatz von „dass" durch „dieses" oder „jenes" oder „welches" ergibt keinen sinnvollen Satz.*

4. Die aufgeregte Kundin lie▼ die Unterlagen auf dem Besprechungstisch liegen.

5. Du ha▼t deine Arbeitsaufträge noch nicht in Empfang genommen.

6. Er zog seine Schutzkleidung aus, weil es an der Maschine zu hei▼ wurde.

7. Wir wollen die Organisation des Arbeitsablaufs verbe▼ern.

8. Der Montagmorgen ist in jeder Abteilung stre▼ig.

9. Jeder Geschäftsbrief sollte einen abrundenden Schlu▼atz aufweisen.

10. Im Kundenkontakt sollte man Stre▼ituationen vermeiden.

11. Bei der Ausbesserung der Mängel an der Maschine ist richtig Schwei▼ geflo▼en.

12. Im Gespräch mit dem Kunden konnte das Mi▼verständni▼ ausgeräumt werden.

2. „das" oder „dass"? Ergänzen Sie und begründen Sie Ihre Entscheidung.

1. Da▼ Angebot, da▼ Frau Weber unterzeichnet hat, muss überarbeitet werden.

2. Da▼ eine Abweichung vom Muster gegeben ist, können wir nicht bestätigen.

3. Unser Mitarbeiter hatte Mühe, da▼ Lager zu finden, da▼ ihm auch nicht genau beschrieben worden war.

4. Da▼ da▼ Schreiben so informativ ist, da▼ ist auf die sorgfältige Arbeit von Frau Schneider zurückzuführen.

5. Wir sind der Auffassung, da▼ da▼ für alle Betroffenen eine akzeptable Lösung ist.

6. Da▼ er da▼ Vertrauen, da▼ man ihm entgegenbrachte, nicht erfüllt hat, enttäuscht uns sehr.

7. Da▼ alte Reservelager, da▼ an der Kölnstraße steht, ist so klein, da▼ ein neues errichtet werden muss.

8. Da▼ wir da▼ Geschäft so günstig abwickeln konnten, stellt uns sehr zufrieden.

9. Da▼ Gerücht, da▼ da▼ Unternehmen bald da▼ Insolvenzverfahren einleiten muss, ist verstummt.

10. Da▼ Protokoll, da▼ da▼ Ergebnis der Besprechung zusammenfasst, wird allen Teilnehmern zugestellt.

11. Die Renovierungsarbeiten wurden termingerecht abgeschlossen, soda▼ da▼ neue Verkaufslager am 2. Mai eröffnet werden kann.

12. Da▼ Angebot, da▼ gestern eintraf, entspricht unseren Vorstellungen, soda▼ sofort eine Bestellung erfolgen konnte.

13. Die Kündigung wurde ausgesprochen, ohne da▼ ein Kündigungsgrund gegeben war.

14. Der Auftrag wurde abgeändert, ohne da▼ mit uns Rücksprache genommen wurde.

15. Die Gespräche verliefen äußerst erfolgreich, soda▼ eine Bestellung aufgegeben werden kann.

3.2.3 Schreibweise der Straßennamen

Sie aktualisieren die Datensätze aus der Kundendatei und korrigieren dabei insbesondere fehlerhafte Schreibweisen von Straßennamen.

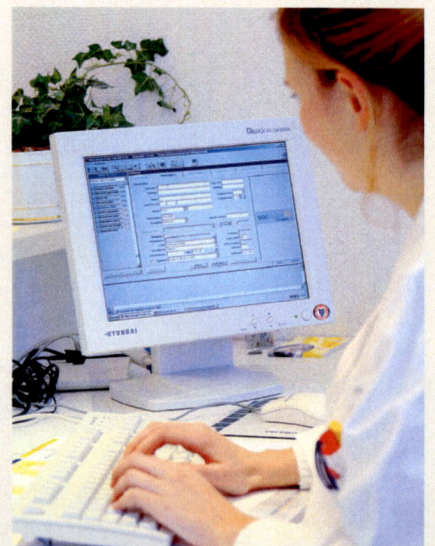

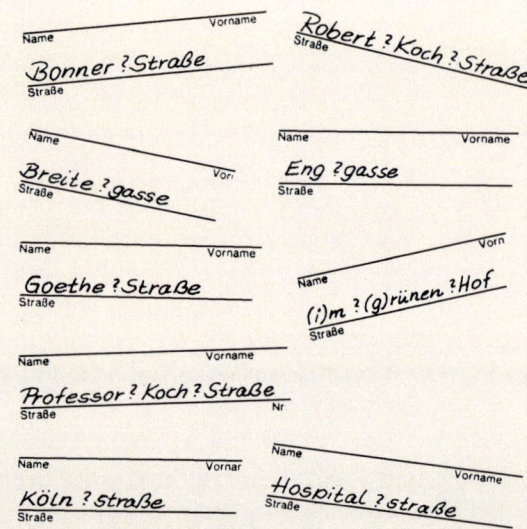

Name / Vorname
Bonner ? Straße
Straße

Robert ? Koch ? Straße
Straße

Name
Breite ? gasse
Straße / Vor

Name / Vorname
Eng ? gasse
Straße

Name / Vorname
Goethe ? Straße
Straße

Name / Vorn
(i)m ? (g)rünen ? Hof
Straße

Name / Vorname
Professor ? Koch ? Straße
Straße / Nr

Name / Vornar
Köln ? straße
Straße

Name / Vorname
Hospital ? straße
Straße

Arbeitsaufträge

1. Bestimmen Sie mithilfe der folgenden Informationen die richtige Schreibweise der oben stehenden Straßennamen aus Ihrer Kundendatei.

2. Beurteilen Sie die obige Schreibweise von „Schloßallee".

In der Regel besteht ein Straßenname aus einem Grundwort und einem Bestimmungswort. Als Grundwort werden in Straßennamen vor allem folgende Begriffe verwendet: Straße, Platz, Allee, Ring, Gasse. Das vorangestellte Bestimmungswort bestimmt genau, um welche Straße, Gasse, Allee usw. es sich handelt.

Die Getrennt- bzw. Zusammenschreibung von Bestimmungs- und Grundwort hängt von der Art des Bestimmungswortes ab.

Für Straßennamen ohne typisches Grundwort gelten besondere Rechtschreibregeln.

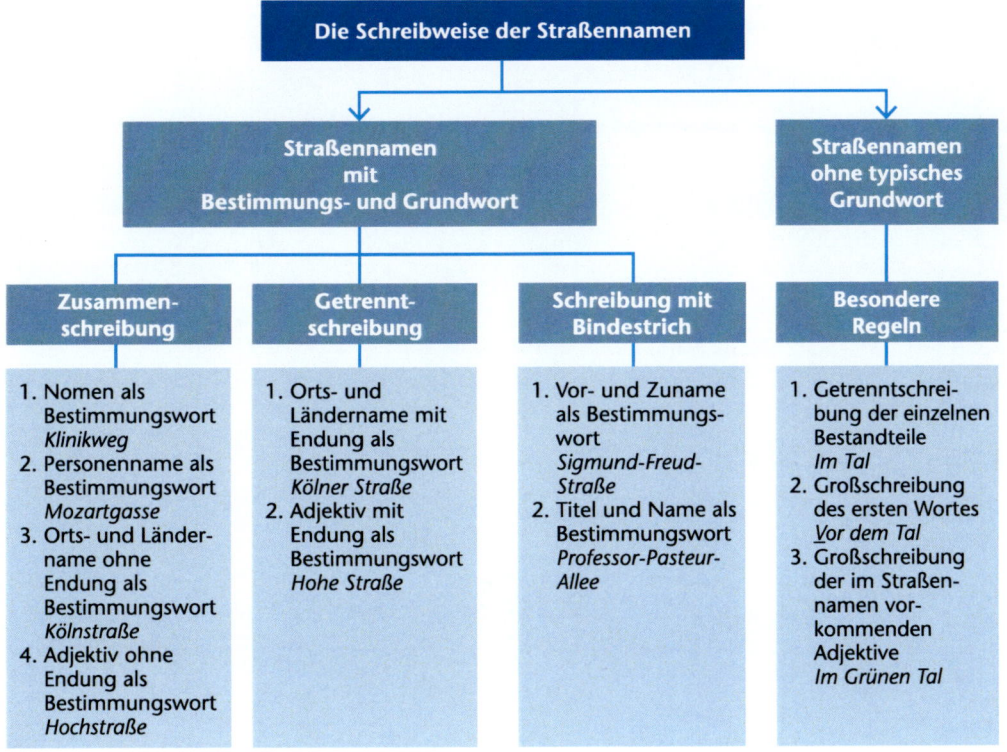

Die Schreibweise der Straßennamen

Straßennamen mit Bestimmungs- und Grundwort

Straßennamen ohne typisches Grundwort

Zusammen-schreibung

1. Nomen als Bestimmungswort *Klinikweg*
2. Personenname als Bestimmungswort *Mozartgasse*
3. Orts- und Länder-name ohne Endung als Bestimmungswort *Kölnstraße*
4. Adjektiv ohne Endung als Bestimmungswort *Hochstraße*

Getrennt-schreibung

1. Orts- und Ländername mit Endung als Bestimmungswort *Kölner Straße*
2. Adjektiv mit Endung als Bestimmungswort *Hohe Straße*

Schreibung mit Bindestrich

1. Vor- und Zuname als Bestimmungs-wort *Sigmund-Freud-Straße*
2. Titel und Name als Bestimmungswort *Professor-Pasteur-Allee*

Besondere Regeln

1. Getrenntschrei-bung der einzelnen Bestandteile *Im Tal*
2. Großschreibung des ersten Wortes *Vor dem Tal*
3. Großschreibung der im Straßen-namen vor-kommenden Adjektive *Im Grünen Tal*

Übungen

1. *Schreiben Sie aus dem Gedächtnis die Arten von Bestimmungswörtern auf, bei denen Bestimmungs- und Grundwort*
   a) *getrennt*   b) *zusammen*
   c) *durch Bindestrich getrennt geschrieben werden müssen.*

2. *Auf welche Besonderheiten ist bei der Schreibweise von Straßennamen ohne typisches Grundwort zu achten?*

3. *Suchen Sie aus einer Kunden- bzw. Liefererdatei willkürlich 20 Datensätze heraus und notieren Sie sich die entsprechenden Straßennamen untereinander. Schreiben Sie hinter jeden Straßennamen die Art des Bestimmungswortes.*

4. *Bilden Sie aus den folgenden Bestandteilen Straßennamen und ordnen Sie sie nach der Art des Bestimmungswortes.*
goethe platz, große freiheit, professor huber straße, martin luther platz, enge lang gasse, neu markt, im stillen winkel, habsburger ring, königs allee, am rathaus platz, englischer garten, römer weg, alter markt, hinter den alten Bäumen, brunnen straße, aachener straße, wien allee, breit gasse, großer platz, münster platz.

5. *In seltenen Fällen erfordert die richtige Schreibweise der Straßennamen detailliertere Hintergrundinformationen. Belegen Sie diese Aussage, indem Sie die beiden möglichen Schreibweisen der „adenauer allee" erläutern.*

Zusammenfassung

Überprüfung der Rechtschreibung (Konzentration auf schriftverkehrsrelevante Fehlerquellen)		
Anredepronomen	**das – dass**	**Straßennamen**
Großschreibung beim „Siezen": „Sie", „Ihnen", „Ihr" …	Ersatzprobe mit: – dieses – jenes – welches	Richtige Zusammen- oder Getrenntschreibung von Grund- und Bestimmungswort

3.3 Grammatik

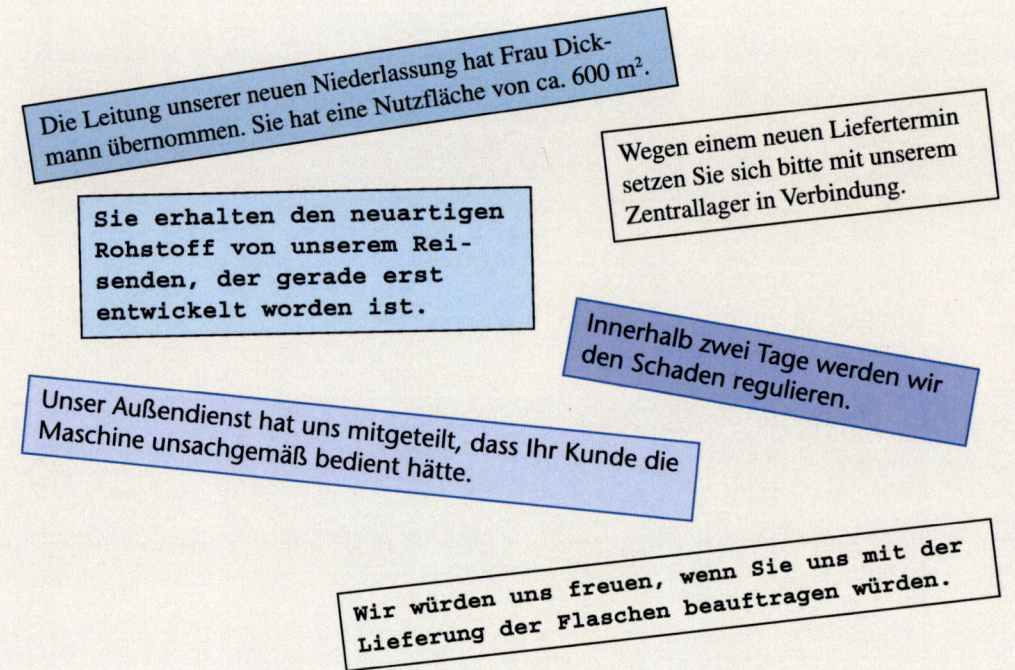

Die Leitung unserer neuen Niederlassung hat Frau Dickmann übernommen. Sie hat eine Nutzfläche von ca. 600 m².

Wegen einem neuen Liefertermin setzen Sie sich bitte mit unserem Zentrallager in Verbindung.

Sie erhalten den neuartigen Rohstoff von unserem Reisenden, der gerade erst entwickelt worden ist.

Innerhalb zwei Tage werden wir den Schaden regulieren.

Unser Außendienst hat uns mitgeteilt, dass Ihr Kunde die Maschine unsachgemäß bedient hätte.

Wir würden uns freuen, wenn Sie uns mit der Lieferung der Flaschen beauftragen würden.

Drei Arten von Grammatikfehlern unterlaufen auch beim Verfassen von Geschäftsbriefen relativ schnell. Auf ihre Vermeidung sollten Sie sich deshalb konzentrieren.

Bezugsfehler bei Relativpronomen	Fehlerhafter Konjunktiv	Falscher Fall nach Präpositionen

3.3.1 Eindeutige Verwendung der Relativpronomen

Stellen Sie eindeutige Bezüge her.
Die **Relativpronomen** (der, die, das, welcher, welche, welches) und die **Demonstrativpronomen** (dieser, diese, dieses) müssen sich unmissverständlich auf ein vorangehendes Nomen beziehen.

Beispiel

falsch
Wir schickten *eine Mitteilung an Frau Schneider*, die mittlerweile eingetroffen sein müsste.

richtig
Wir schickten eine *Mitteilung, die* mittlerweile eingetroffen sein müsste, an Frau Schneider.

(Wer ist mittlerweile eingetroffen? –
Die Mitteilung oder Frau Schneider?)

Übungen

Verbessern Sie die fehlerhaften Bezüge.

1. Frau Hartmann hat Ihre Verkaufsleiterin bereits telefonisch informiert. Sie bat um eine schriftliche Bestätigung des Telefonats.

2. Die neue Kollektion wird von Frau Schneider vorgestellt, die gerade erst entworfen worden ist.

3. Die neue Preisliste wird Ihnen von unserer Mitarbeiterin, Frau Schuhmann, persönlich ausgehändigt. Sie kommt frisch aus der Druckerei.

4. Wir senden Ihnen die Unterlagen heute schon zu, um Zeit zu sparen.

5. Wir informieren Sie schon heute, um die Planungen rechtzeitig einleiten zu können.

3.3.2 Bildung und Verwendung des Konjunktivs

Setzen Sie den Konjunktiv richtig ein.
Im Deutschen unterscheidet man drei Aussageweisen:
- Indikativ (die Wirklichkeitsform), z. B. *Er trifft pünktlich ein.*

- Konjunktiv I und II   (die Möglichkeitsformen), z. B.
  Sie sagt(e), er treffe pünktlich ein.
  Sie sagt(e), er träfe pünktlich ein.
- Imperativ   (die Befehlsform), z. B.
  Triff pünktlich ein!

Schwierigkeiten bereiten insbesondere die richtige Bildung und Verwendung des Konjunktivs.

(1) Bildung des Konjunktivs

Zwei Konjunktivformen sind zu unterscheiden, der Konjunktiv I und der Konjunktiv II. Der Konjunktiv I wird auf der Grundlage der 1. Person Plural, Indikativ, Präsens gebildet. An den Stamm dieser Verbform werden die Konjunktivendungen angefügt. Bei der Bildung des Konjunktivs II ist der Stamm der 1. Person Plural, Indikativ, Präteritum heranzuziehen.

Beispiel

1. Person Plural, Indikativ, Präsens		1. Person Plural, Indikativ, Präteritum	
wir	**geh**/en	wir	**ging**/en

Konjunktiv I		Konjunktiv II	
ich	geh-e	ich	ging-e
du	geh-est	du	ging-est
er, sie, es	geh-e	er, sie, es	ging-e
wir	geh-en	wir	ging-en
ihr	geh-et	ihr	ging-et
sie	geh-en	sie	ging-en

Bei einigen Verben kommt es im Stamm des Konjunktivs II noch zur Umlautbildung (a → ä, o → ö, u → ü), z. B. er käme.

Unregelmäßig ist der Konjunktiv des häufig vorkommenden Hilfsverbs „sein":

Beispiel

Konjunktiv I		Konjunktiv II	
ich	sei	ich	wäre
du	sei(e)st	du	wärest
er, sie, es	sei	er, sie, es	wäre
wir	seien	wir	wären
ihr	seiet	ihr	wäret
sie	seien	sie	wären

(2) Verwendung des Konjunktivs in der indirekten Rede

In der indirekten Rede wird grundsätzlich der Konjunktiv I eingesetzt. Stimmt der Konjunktiv I allerdings mit dem Indikativ überein, so ist ersatzweise der Konjunktiv II anzuwenden.

Beispiel

falsch	**richtig**
Frau Schlegel sagte uns, dass die Lieferung heute *eintrifft*.	Frau Schlegel sagte uns, dass die Lieferung heute *eintreffe*.

(falsch, weil Indikativ)

falsch	**richtig**
Ihr Verkaufsleiter sagte, dass die Waren am 11. Mai *eintreffen*.	Ihr Verkaufsleiter sagte, dass die Waren am 11. Mai *einträfen*.

(falsch, weil Konjunktiv I und Indikativ übereinstimmen)

Herr Schneider sagte, dass der Artikel morgen *einträfe*.	Herr Schneider sagte, dass der Artikel morgen *eintreffe*.

(falsch, weil Konjunktiv I und Indikativ unterschiedlich sind)

(3) Verwendung des Konjunktivs II zur Einschätzung eines Sachverhaltes

Mit dem Konjunktiv II drückt man aus, dass man den geschilderten Sachverhalt als wünschbar und möglich oder als nicht wirklich und unmöglich einschätzt.

Insbesondere entsprechende Bedingungssätze (wenn ... dann) kommen in Geschäftsbriefen des Öfteren vor.

Der Konjunktiv II kann auch mit „würde" umschrieben werden (z. B.: Ich käme – Ich würde kommen). Allerdings sollte diese Umschreibung nicht in Nebensätzen, die mit „wenn" eingeleitet werden, erfolgen.

Beispiel

falsch	**richtig**
Wenn Sie bessere Konditionen anbieten *würden*, dann *würden* wir größere Mengen bestellen.	Wenn Sie bessere Konditionen anböten, dann *würden* wir größere Mengen bestellen.
	oder:
(falsch, weil die „Würde-Form" des Konjunktivs II im Haupt- und im Nebensatz eingesetzt wird)	Wenn Sie bessere Konditionen anböten, dann *bestellten* wir größere Mengen.
	(Konjunktiv II, um das Nicht-Wirkliche auszudrücken)

Übungen

1. Wählen Sie die richtige Verbform für die indirekte Rede. Begründen Sie Ihre jeweilige Entscheidung.

1. Der Vorsitzende der Kommission erklärte, dass alle Gesichtspunkte geprüft worden (sind/seien/wären?).

2. Ihr Marketing-Leiter hat versichert, dass der Liefertermin eingehalten (wird/werde/würde?).

3. Unser Mitarbeiter hat berichtet, dass die Qualität Ihrer Produkte nicht unseren Anforderungen (entspricht/entspreche/entspräche?).

4. Während der Besprechung fragte Ihr Vertriebsingenieur, ob die Plattenstärken erhöht werden (können/könnten?).

5. Auf Ihren Vorschlag erwiderte unsere Mitarbeiterin, Frau Mahnstein, dass wir auf die Lieferung höchstens noch eine Woche warten (können/könnten?), andernfalls (müssen/müssten?) wir vom Vertrag zurücktreten.

6. Im letzten Schreiben kündigten wir bereits an, dass wir im Falle der Nichteinhaltung der Nachfrist einen Deckungskauf tätigen (müssen/müssten?).

7. Ihre Vertriebsleiterin, Frau Wirtz, gab zu, dass die Qualität Ihrer letzten Lieferung nicht dem Standard (entspricht/entspreche/entspräche?).

8. Wir meinen, dass die Messe ein Erfolg gewesen (ist/sei/wäre?).

9. In der Besprechung behauptete Ihr Verkaufsleiter, der Liefertermin (ist/sei/wäre?) nicht vertraglich vereinbart worden.

10. Ihr Verkäufer entgegnete nur, dass wir bei der Bestellung nicht deutlich genug auf unsere Anforderungen hingewiesen (haben/hätten?).

2. Berichtigen Sie die folgenden Sätze.

1. Wenn wir den Katalog rechtzeitig bekommen haben würden, dann würde die Bestellung noch im März erfolgt sein.

2. Es würden bessere Umsätze möglich sein, wenn Sie günstigere Konditionen anbieten würden.

3. Wir würden sofort ordern, wenn Sie uns einen Rabatt von 10 % gewähren würden.

4. Wenn Sie rechtzeitig geliefert haben würden, dann wäre eine Klage nicht erforderlich gewesen.

5. Wenn Sie ein ausführlicheres Angebot unterbreitet haben würden, dann würde diese Diskussion nicht erforderlich sein.

6. Wir würden Ihnen dankbar sein, wenn Sie uns die Preisliste umgehend zusenden würden.

7. Wenn das Urteil rechtskräftig würde, dann würden auf uns hohe Schadenersatzansprüche zukommen.

8. Es würde uns freuen, wenn wir den Auftrag erhalten würden.

9. Es würde am besten sein, wenn wir den Vertrag im Einvernehmen auflösen würden.

10. Wenn es eine vernünftige Erklärung für Ihr Verhalten geben würde, dann würden wir Ihnen sicherlich entgegenkommen.

3.3.3   Richtiger Fall bei Präpositionen

Verwenden Sie nach Präpositionen den richtigen Fall.
Präpositionen bestimmen den grammatischen Fall (Kasus) des nachfolgenden Satzgliedes.

Den **Genitiv** (2. Fall, Wes-Fall) fordern folgende Präpositionen:

angesichts	infolge	statt
anlässlich	innerhalb	trotz
anstatt	kraft	ungeachtet
aufgrund	laut	vermittels
außerhalb	mittels	während
betreffs	namens	wegen
diesseits	seitens	zugunsten

Beispiel

falsch

Wegen diesem Mangel können keine Schadenersatzansprüche geltend gemacht werden.

richtig

Wegen dieses Mangels können keine Schadenersatzansprüche geltend gemacht werden.

Der **Dativ** (3. Fall, Wem-Fall) steht nach folgenden Präpositionen:

außer	exklusive	nebst
binnen	gemäß	samt
entgegen	inklusive	
entsprechend	laut	

Beispiel

falsch

Wir schicken Ihnen den Vertrag *samt aller Unterlagen.*

richtig

Wir schicken Ihnen den Vertrag *samt allen Unterlagen.*

Der **Akkusativ** (4. Fall, Wen-Fall) folgt auf folgende Präpositionen:

außer	gegen	wider
durch	ohne	
für	um	

Beispiel

falsch

Ohne dem Rat der Rechtsabteilung können wir nicht entscheiden.

richtig

Ohne den Rat der Rechtsabteilung können wir nicht entscheiden.

Bei einigen Präpositionen bestimmt der Fall des nachfolgenden Satzgliedes die Bedeutung. Folgt auf diese Präpositionen der Dativ, dann liegt eine Ortsangabe vor (Frage: wo?). Steht das nachfolgende Satzglied im Akkusativ, handelt es sich um eine Richtungsangabe (Frage: wohin?).

an	in	unter
auf	neben	vor
hinter	über	zwischen

Beispiel

Dativ (Wo? – Ort)

Der Anlagenvermerk steht *unter dem Gruß.*

Akkusativ (Wohin? – Richtung)

Schreiben Sie den Anlagenvermerk *bitte unter den Gruß.*

Im Zweifelsfalle sollten Sie den Folgekasus von Präpositionen mithilfe eines Rechtschreibwörterbuches (z. B. Duden, Pons oder Wahrig) überprüfen.

Beispiel

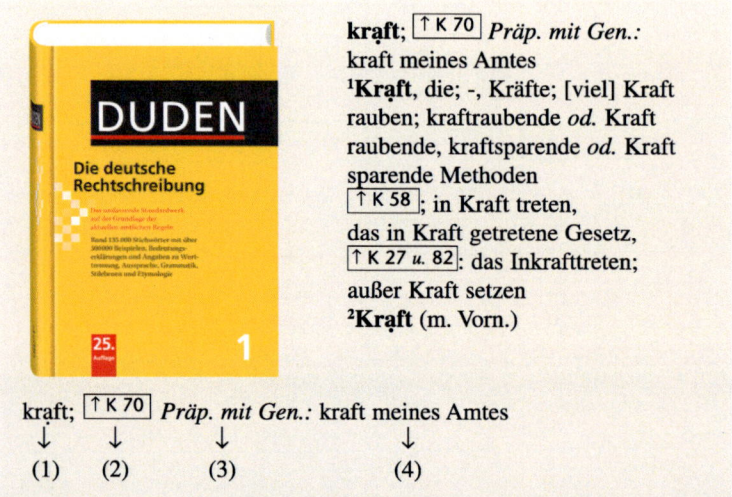

kraft; ↑ K 70 *Präp. mit Gen.:*
kraft meines Amtes
¹**Kraft**, die; -, Kräfte; [viel] Kraft
rauben; kraftraubende *od.* Kraft
raubende, kraftsparende *od.* Kraft
sparende Methoden
↑ K 58 ; in Kraft treten,
das in Kraft getretene Gesetz,
↑ K 27 *u.* 82 : das Inkrafttreten;
außer Kraft setzen
²**Kraft** (m. Vorn.)

kraft; ↑ K 70 *Präp. mit Gen.:* kraft meines Amtes
↓ ↓ ↓ ↓
(1) (2) (3) (4)

(1) Stichwort im Wörterverzeichnis
(2) Verweis auf die Kennziffer im Erläuterungsteil zur Rechtschreibung und Zeichensetzung K 70:
    Aus Substantiven entstandene Wörter anderer Wortarten werden kleingeschrieben.
(3) Hinweis auf den Folgekasus: Präposition mit Genitiv
(4) Beispiel zur Verdeutlichung: kraft meines Amtes

Übungen

Entscheiden Sie, welcher Fall zu bilden ist.

1. Zwischen (die Besprechungen) können Sie sich umfassend über unser Sortiment informieren.

2. Längs (der Maschinenraum) müssen neue Absperrungen angebracht werden.

3. In (die Fachzeitschrift) steht ein Bericht über (unser Zusammenschluss).

4. Statt (der Vertragsrücktritt) empfehlen wir Ihnen, eine Minderung zu akzeptieren.

5. Trotz (der Absatzrückgang) können wir unsere Preispolitik kurzfristig nicht ändern.

6. Wegen (der Ausfall) unserer Produktionsstraße können wir den vereinbarten Liefertermin nicht einhalten.

7. Laut (das Gutachten) ist der Artikel unsachgemäß behandelt worden.

8. Wir werden die Reklamationsfälle zugunsten (der Kunde) abwickeln.

9. Ungeachtet (das Verschulden) des Spediteurs kommen wir zunächst aus Kulanzgründen für den Schaden auf.

10. Mittels (eine Laboruntersuchung) kann die Ursache für den Vorfall ermittelt werden.

Zusammenfassung

Überprüfung der Grammatik
(Konzentration auf schriftverkehrsrelevante Fehlerquellen)

Relativpronomen	Konjunktiv	Präpositionen
Herstellung eindeutiger Bezüge zwischen Nomen und Pronomen	Fehlerfreie Bildung und Verwendung von: – Konjunktiv I – Konjunktiv II	Zutreffender Kasus (grammatischer Fall) des nachfolgenden Satzgliedes

C Musterbriefe zur Abwicklung eines Kaufvertrages

Druckerei Schneider GmbH

Druckerei Schneider GmbH / Postanschrift: 04209 Leipzig

Büroeinrichtungen
Karl Neumann KG
Bahnhofstraße 83
33102 Paderborn

	Telefax	*E-Mail*
← 125 mm →	0341 7725-34	schneider-gmbh@aol.com

Ihr Zeichen, Ihre Nachricht vom	*Unser Zeichen, unsere Nachricht vom*	*Telefon, Name* 0341 7721-	*Datum*
	ho-sr	34 Frau Holler	2014-11-15

Anfrage nach Büromöbeln

Sehr geehrte Damen und Herren,

in der Fachzeitschrift „Druck aktuell" haben wir Ihre Anzeige gelesen.

Wir sind eine expandierende Druckerei in Leipzig und werden in Kürze neue Büroräume beziehen.

Deshalb bitten wir Sie um ein ausführliches Angebot über

        10 Schreibtische, Bestell-Nr. 456
        10 Schreibtischstühle, Bestell-Nr. 459

Wir interessieren uns vor allem für die Preise sowie für Ihre Lieferungs- und Zahlungsbedingungen. Welchen Mengenrabatt gewähren Sie bei einer Abnahme von jeweils zehn Stück? Außerdem ist die Lieferzeit für uns wichtig.

Bitte senden Sie uns Ihren aktuellen Katalog.

Mit freundlichem Gruß

Druckerei Schneider GmbH

i. A. *Helga Holler*

Helga Holler

Geschäftsräume	*Telefon*	*Fax*	*Deutsche Bank AG Leipzig*	*Postbank Leipzig*
Industriestr. 102	0341 7721-1	0341 7725-45	BLZ 860 700 00	BLZ 860 100 90
04229 Leipzig			Kto.-Nr. 23 454 56	Kto.-Nr. 676 345 12
				St.-Nr. 3232/6191/4809

Rechtsform: Gesellschaft mit beschränkter Haftung / Sitz der Gesellschaft: Leipzig / Amtsgericht Leipzig HRB 456
Geschäftsführer: Ernst Schneider, Dipl.-Kfm. Elisabeth Schneider

Wäschehaus  *Baumann KG*

Baumann KG / Färberstr. 25 / 47798 Krefeld

Hotel Kaiser KG
Frau Müller
Eifelallee 45
50858 Köln

Ihr Zeichen, Ihre Nachricht vom	*Unser Zeichen, unsere Nachricht vom*	*Telefon, Name* *02151 6118-*	*Datum*
mü-ka 2014-11-04	bn-hi	22 Herr Baumann	2014-11-07

Angebot von Hand- und Badetüchern

Sehr geehrte Frau Müller,

über Ihr Interesse an unseren Produkten haben wir uns sehr gefreut. Gern bieten wir Ihnen folgende Artikel an:

Badetücher, Baumwolle
weiß, türkis, pink
Größe 110 x 150 cm   Stück 32,00 EUR

Handtücher, Baumwolle
weiß, türkis, pink, rot
Größe 35 x 50 cm   Stück 12,00 EUR

Die Ware erhalten Sie frei Haus durch unseren Auslieferungsdienst. Sie können 3 % Skonto abziehen, wenn die Rechnung innerhalb zehn Tagen beglichen wird. Oder Sie nehmen unser Zahlungsziel von 30 Tagen in Anspruch.

Ab einer Auftragssumme von 1 500,00 EUR gewähren wir 10 % Mengenrabatt.

Bereits drei Tage nach Eingang der Bestellung können Sie über die Ware verfügen.

Sie können sicher sein, dass wir Sie sorgfältig und pünktlich beliefern werden.

Mit freundlichem Gruß

Wäschehaus Baumann KG

Baumann

Geschäftsräume *Färberstr. 25* *47798 Krefeld*	*Telefon* *02151 6118-0*	*Telefax* *02151 6118-45*	*Internet* *www.baumann-kg.de* *E-Mail* *baumann.kg @gmx.de*	*Sparkasse Krefeld* *BLZ 320 500 00* *Konto-Nr. 34 56* *USt.-Id.-Nr.: DE 822177236*

Lampen Westermann e. K.

Lampen Westermann e. K. - Markt 28 - 07545 Gera

Lampenfabrik
Weber GmbH
Herrn Naumann
70899 Stuttgart

Ihr Zeichen: na-ke
Ihre Nachricht vom: 2014-07-23
Unser Zeichen: ha-lü
Unsere Nachricht vom: 2014-07-18

Name: Frau Hauser
Telefon: 0365 3417-68
Telefax: 0365 3417-59
E-Mail: Lampen.Westermann@t-online.de

Datum: 2014-07-26

Bestellung

Sehr geehrter Herr Naumann,

Ihr Angebot haben wir heute erhalten. Entsprechend Ihrer Lieferungs- und Zahlungsbedingungen bestellen
wir:

        30 Stehlampen; Nr. 1050; 380,00 EUR je Stück
        40 Tischlampen; Nr. 4030; 190,00 EUR je Stück

Wir benötigen die Lampen für eine Sonderaktion. Es ist deshalb sehr wichtig, dass Sie die zugesagte Lieferzeit von 14 Tagen einhalten.

Mit freundlichem Gruß

Lampen Westermann e. K.

i. A.

Sabine Hauser

Bankverbindungen
Deutsche Bank AG Gera / BLZ 820 700 00 / Konto-Nr. 56 56 99
Postbank Leipzig / BLZ 860 100 90 / Konto-Nr. 24 456 123
USt.-Id.-Nr.: DE 733841212

Luxbad AG / Postanschrift: 65299 Wiesbaden

Sanitärgroßhandlung
Rabmann KG
Frau Baumann
Eifeler Straße 33 - 35
46145 Oberhausen

Ihr Zeichen, Ihre Nachricht vom	Unser Zeichen, unsere Nachricht vom	Telefon, Name 0611 3030-	Datum
ba-si 2014-09-13	**kl-bö**	**77 Herr Kleimann**	**2014-09-16**

Auftragsbestätigung: Ihre Bestellung von Duschkabinen

Sehr geehrte Frau Baumann,

wir danken für Ihren Auftrag. Zu unseren allgemeinen Geschäfts-
bedingungen bestellen Sie:

20 Duschkabinen; Kat.-Nr. 350;	
Standard-Größe Q-90;	
890,00 EUR je Stück	**17 800,00 EUR**
30 Duschkabinen; Kat.-Nr. 353;	
Standard-Größe Q-70;	
590,00 EUR je Stück	**17 700,00 EUR**

Für die zehn Duschkabinen, Kat.-Nr. 490, geben Sie jedoch Sonder-
maße an, die von den Standardmaßen unseres Fertigungsprogramms
abweichen. Mit einem Sonderanfertigungs-Aufschlag von nur 10%
können Sie die Sondergrößen jedoch kurzfristig beziehen. Sind
Sie damit einverstanden?

Wir werden Ihren Auftrag sorgfältig und fristgerecht ausführen.

Mit freundlichem Gruß

Luxbad AG

ppa.
Kleimann

Geschäftsräume	Telefon	Telefax	E-Mail verkauf@luxbad.de	Nassauische Sparkasse Wiesbaden
Am Ringwall 119 - 121	0611 3030-0	0611 3030-90	Internet www.luxbad.de	BLZ 510 500 15
65207 Wiesbaden				Kto.-Nr. 23447290
				USt.-Id.-Nr.: DE 644788333

Rechtsform: Aktiengesellschaft / Sitz der Gesellschaft: Wiesbaden / Amtsgericht Wiesbaden HRB 423
Vorstand: Dr. Inge Mehner, Vorsitzende, Dipl.-Kfm. Hans Lang, Karl Lang
Aufsichtsrat: Dr. Heinz Müller, Vorsitzender

Hülsmann Moden e. K.

Im Dienste der Mode seit 1868

Hülsmann Moden e. K. / Kettwiger Str. 15 / 45127 Essen

Textilfabrik
Wegener & Schulz OHG
Ringstraße 12 - 18
75365 Calw

Ihr Zeichen, Ihre Nachricht vom	*Unser Zeichen, unsere Nachricht vom*	*Telefon, Name* 0201 1414-	*Datum*
Auftrag Nr. 17156	ka-li 2014-03-14	45 Frau Kamann	2014-04-21

Beanstandung der gelieferten Bademäntel und Badetücher

Sehr geehrte Damen und Herren,

die heute eingetroffenen Bademäntel und Badetücher wurden unverzüglich geprüft.

Dabei mussten wir folgende Mängel feststellen:

Die 20 Damenbademäntel (Art.-Nr. 1415) weisen eine fehlerhafte
Passform auf, da die Ärmel falsch eingenäht sind.

Bei den 50 Badetüchern (Art.-Nr. 3010) sind leichte Webfehler
erkennbar.

Die Bademäntel sind unverkäuflich. Bitte senden Sie deshalb
einwandfreien Ersatz. Was soll mit den mangelhaften Mänteln
geschehen?

Die Badetücher sind dagegen noch als 1-B-Ware verkäuflich. Wir
schlagen einen Preisnachlass von 20% vor. Sind Sie mit diesem
Vorschlag einverstanden?

Bitte bearbeiten Sie unsere Mängelrüge unverzüglich. Die Bademäntel und Badetücher werden für eine Sonderaktion dringend
benötigt.

Mit freundlichem Gruß

HÜLSMANN MODEN E.K.

i. A.

Kamann

Geschäftsräume Kettwiger Str. 15 45127 Essen	*Telefon* 0201 1414-0	*Fax* 0201 1414-68	*E-Mail* info@huelsmann.de *Internet* www.huelsmann.de	Postbank Essen BLZ 360 100 43 Kto.-Nr. 6736 503 St.-Nr.: 5112/6001/2331

Schreibwaren
Neumann KG ──────────

Neumann KG / Bahnhofstr. 120 / 14480 Potsdam

Lederwarenfabrik
Hausdorff & Meyer GmbH
Frau Höhner
Industriestraße 106
04229 Leipzig

Ihr Zeichen, Ihre Nachricht vom	Unser Zeichen, unsere Nachricht vom	Telefon, Name 0331 1014-	Datum
hö-kl 2014-05-20	**bi-mu 2014-05-14**	**12 Herr Bittner**	**2014-06-20**

Lieferungsverzug

Sehr geehrte Frau Höhner,

obwohl Sie in Ihrer Auftragsbestätigung die Lieferung der
20 Schultaschen bis zum 15. Juni 2014 zugesagt haben, ist die Ware
bis heute nicht eingetroffen.

Da das neue Schuljahr in Kürze beginnt, benötigen wir die Taschen
dringend.

Bitte liefern Sie bis spätestens zum 1. Juli 2014.

Sollten Sie diese Nachfrist nicht einhalten, werden wir die
Schultaschen kurzfristig bei einem anderen Hersteller beziehen.

Bedenken Sie bitte, dass wir Ihnen im Falle eines Deckungskaufes
die Preisdifferenz in Rechnung stellen müssen.

Mit freundlichem Gruß

SCHREIBWAREN NEUMANN KG

i. V.

Bittner

 **Computech** GmbH

Computech GmbH / Postanschrift: 01199 Dresden

Rennsteig-Hotel KG
Frau Wegener
Waldstr. 15
98666 Masserberg

Ihr Zeichen, Ihre Nachricht vom **we-la 2014-02-27**	*Unser Zeichen, unsere Nachricht vom* **wo-bu 2014-03-04**	*Telefon, Name* *0351 6610-* **15 Herr Wohmann**	*Datum* **2014-03-28**

Nichtannahme unserer Lieferung

Sehr geehrte Frau Wegener,

die Spedition Nagler hat uns mitgeteilt, dass Sie die Annahme der ordnungsgemäß und fristgerecht gelieferten Personal Computer verweigert haben.

Wir können uns Ihr Verhalten nicht erklären. Bitte informieren Sie uns über die Gründe für diesen Annahmeverzug.

Die Geräte werden auf Ihre Kosten und Gefahr bei der Spedition Heinrich Nagler, Bielitzstr. 105, 07545 Gera, gelagert.

Wir erwarten bis zum 4. April 2014 Ihre Nachricht. Wenn wir nichts von Ihnen hören, werden wir auf Abnahme klagen.

Bedenken Sie bitte, dass Sie in diesem Fall mit erheblichen Kosten rechnen müssen.

Mit freundlichem Gruß

Computech GmbH

i. V.

Wohmann

Geschäftsräume   **Telefon**   **Fax**   E-Mail *verkauf@computech.com*   *Commerzbank AG Dresden*
Poststraße 152   *0351 6610-01*   *0351 6610-88*   Internet *www. computech.com*   *BLZ 850 40000*
01159 Dresden   *Kto.-Nr. 165 678 89*
                                                                                             USt.-Id.-Nr.: DE 666551298

Rechtsform: Gesellschaft mit beschränkter Haftung / Sitz der Gesellschaft: Dresden / Amtsgericht Dresden HRB 341
Geschäftsführer: Dipl.-Ing. Martha Schneider, Dipl.-Kfm. Gerd Kaiser, Ulrich Müller

Druckerei Weber OHG

Druckerei Weber OHG / Postanschrift: 90498 Nürnberg

Schneidermann GmbH
Herrn W. Maschner
Hohenfelsstr. 222
90455 Nürnberg

Ihr Zeichen, Ihre Nachricht vom	Unser Zeichen, unsere Nachricht vom	Telefon, Name 0911 5034-	Datum
ma-za 2013-10-19	fi-pe 2013-12-04	25 Frau Fischer	2013-12-18

Rechnungsausgleich

Sehr geehrter Herr Maschner,

trotz unseres Erinnerungsschreibens ist bis heute keine Zahlung bei uns eingegangen, obwohl der Rechnungsbetrag seit dem 20. November 2013 fällig ist.

Überweisen Sie bitte bis zum 28. Dezember 2013:

Rechnung Nr. 1120 vom 25. Oktober 2013	4 500,00 EUR
+ Mahngebühren	15,00 EUR
	4 515,00 EUR

Halten Sie den neuen Zahlungstermin bitte unbedingt ein. Andernfalls sind wir gezwungen, einen gerichtlichen Mahnbescheid gegen Sie zu beantragen.

Vermeiden Sie durch rechtzeitige Zahlung, dass es zu dieser Maßnahme kommt.

Mit freundlichem Gruß

Druckerei Weber OHG

i. V.

Fischer

Geschäftsräume	Telefon	Fax	E-Mail info@druck-weber.com	Stadtsparkasse Nürnberg
Freiburger Str. 125	0911 5034-0	0911 5034-70	Internet www.druck-weber.com	BLZ 760 501 01
90443 Nürnberg				Kto.-Nr. 1242 34 23
				St.-Nr.: 9238/1170/2341

D   Schriftverkehr bei Bewerbungen

Die Auszubildende Julia Schiffmann bewirbt sich auf eine Stellenanzeige.

**Der regionale Kommunalverband
der rheinischen Städte und Kreise**

Rheinische Landesklinik Bonn
– Fachklinik für Psychiatrie, Psychotherapie und
  Neurologie
– Kinder- und Jugendpsychiatrie
– Behandlung von Sprachstörungen

In der Rheinischen Landesklinik Bonn – Abt.
Gerontopsychiatrie – ist ab sofort eine Stelle als

Ärztliche Schreibkraft
mit der regelmäßigen wöchentlichen Arbeitszeit von 38,5 Std.
zu besetzen.

Die Aufgaben:
– Interessiert sind wir an einer/einem mit medizinischen
  Fachausdrücken vertrauten Mitarbeiterin/Mitarbeiter, die/
  der neben guten Schreibmaschinenkenntnissen auch
  PC-Kenntnisse mitbringt.

Wir erwarten:
– Einsatzbereitschaft und Gewissenhaftigkeit
– Einen kooperativen Arbeitsstil setzen wir voraus.

Wir bieten:
Die Tätigkeit ist der Entgeltgruppe 5 (TVöD) zugeordnet.

Bewerbungen von Frauen werden besonders begrüßt.
Schwerbehinderte Bewerberinnen/Bewerber werden bei gleicher Eignung bevorzugt.

Bewerbungen mit aussagekräftigen Unterlagen werden erbeten an die

LANDSCHAFTS-
VERBAND
RHEINLAND

Rheinische Landesklinik Bonn
Personalabteilung, Kennziffer 16/98
Kaiser-Karl-Ring 20
53111 Bonn

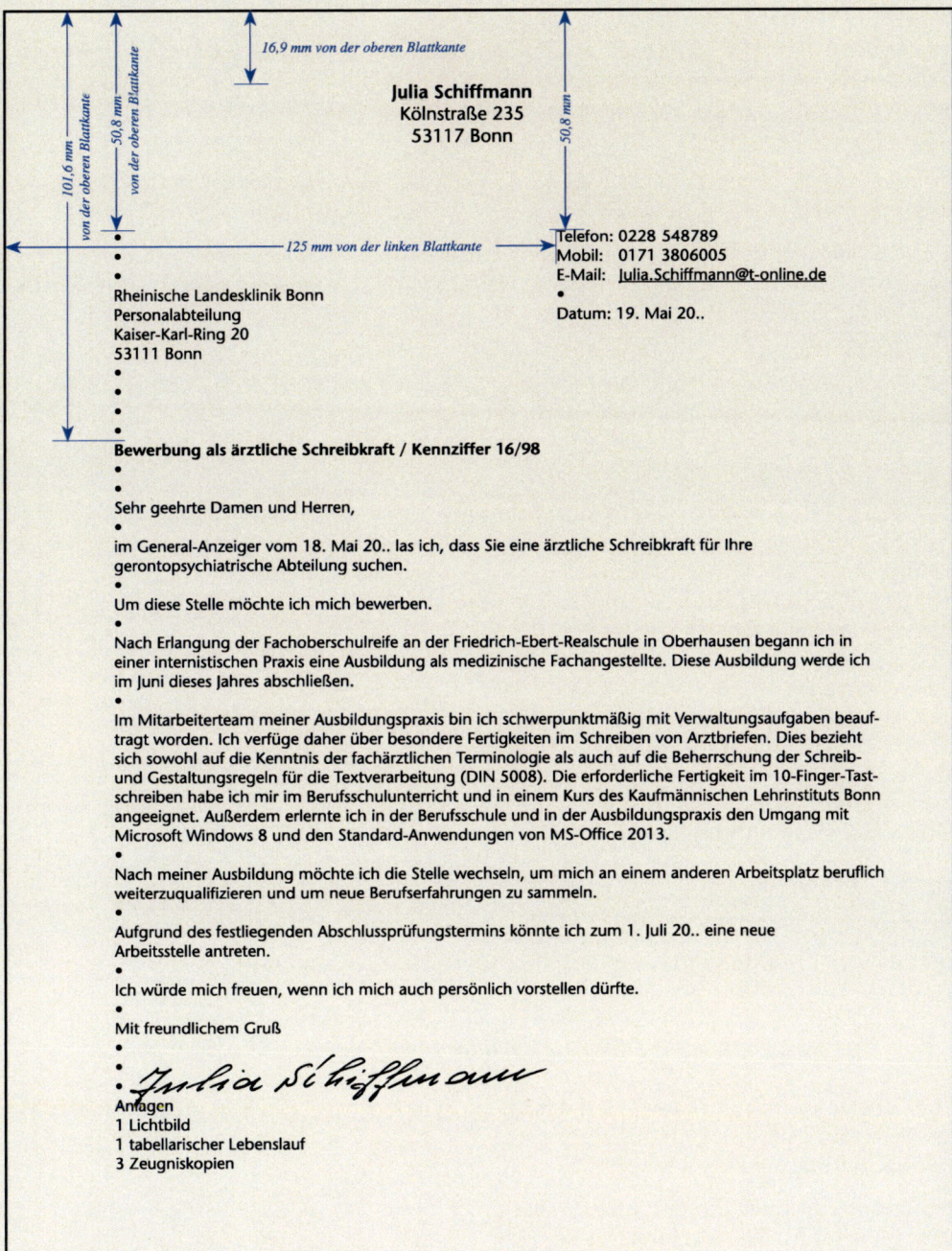

16,9 mm von der oberen Blattkante

Julia Schiffmann
Kölnstraße 235
53117 Bonn

101,6 mm von der oberen Blattkante

50,8 mm von der oberen Blattkante

50,8 mm von der oberen Blattkante

50,8 mm

Telefon: 0228 548789
Mobil: 0171 3806005
E-Mail: Julia.Schiffmann@t-online.de

125 mm von der linken Blattkante

Rheinische Landesklinik Bonn
Personalabteilung
Kaiser-Karl-Ring 20
53111 Bonn

Datum: 19. Mai 20..

Bewerbung als ärztliche Schreibkraft / Kennziffer 16/98

Sehr geehrte Damen und Herren,

im General-Anzeiger vom 18. Mai 20.. las ich, dass Sie eine ärztliche Schreibkraft für Ihre gerontopsychiatrische Abteilung suchen.

Um diese Stelle möchte ich mich bewerben.

Nach Erlangung der Fachoberschulreife an der Friedrich-Ebert-Realschule in Oberhausen begann ich in einer internistischen Praxis eine Ausbildung als medizinische Fachangestellte. Diese Ausbildung werde ich im Juni dieses Jahres abschließen.

Im Mitarbeiterteam meiner Ausbildungspraxis bin ich schwerpunktmäßig mit Verwaltungsaufgaben beauftragt worden. Ich verfüge daher über besondere Fertigkeiten im Schreiben von Arztbriefen. Dies bezieht sich sowohl auf die Kenntnis der fachärztlichen Terminologie als auch auf die Beherrschung der Schreib- und Gestaltungsregeln für die Textverarbeitung (DIN 5008). Die erforderliche Fertigkeit im 10-Finger-Tastschreiben habe ich mir im Berufsschulunterricht und in einem Kurs des Kaufmännischen Lehrinstituts Bonn angeeignet. Außerdem erlernte ich in der Berufsschule und in der Ausbildungspraxis den Umgang mit Microsoft Windows 8 und den Standard-Anwendungen von MS-Office 2013.

Nach meiner Ausbildung möchte ich die Stelle wechseln, um mich an einem anderen Arbeitsplatz beruflich weiterzuqualifizieren und um neue Berufserfahrungen zu sammeln.

Aufgrund des festliegenden Abschlussprüfungstermins könnte ich zum 1. Juli 20.. eine neue Arbeitsstelle antreten.

Ich würde mich freuen, wenn ich mich auch persönlich vorstellen dürfte.

Mit freundlichem Gruß

Julia Schiffmann

Anlagen
1 Lichtbild
1 tabellarischer Lebenslauf
3 Zeugniskopien

Arbeitsaufträge

1. *Analysieren Sie die obige Anzeige und den Bewerbungsbrief von Julia Schiffmann. Welche für die Bewerbung wichtigen Informationen sind in der Anzeige enthalten? Hat Julia Schiffmann ihren Bewerbungsbrief auf das Inserat abgestimmt? Belegen Sie Ihre Auffassung mit Textstellen aus dem Bewerbungsbrief.*

2. *Informieren Sie sich mithilfe des folgenden Informationsteils über Form, Inhalt und Sprache eines Bewerbungsschreibens. Beurteilen Sie im Anschluss den Brief von Julia Schiffmann.*

3. *Julia Schiffmann absolviert ihre Ausbildung in der Praxis einer angesehenen Internistin. Dennoch nennt sie die Ärztin im Bewerbungsbrief und im Lebenslauf nicht namentlich. Welche Gründe sind dafür denkbar?*

4. *Erklären Sie, was unter einer Referenz zu verstehen ist. Informieren Sie sich bei Bedarf mithilfe des Internets oder eines Wörterbuchs. Welche Referenzen sind bei einer Bewerbung grundsätzlich denkbar? An welcher Textstelle könnte die Angabe von Referenzen im obigen Bewerbungsbrief eingebaut werden? Welche Voraussetzungen müssen gegeben sein, damit Sie in einer Bewerbung Referenzen angeben?*

5. *Julia Schiffmann muss in ihrer Ausbildungspraxis zahlreiche Überstunden absolvieren. Von einem Arbeitsplatz in der Rheinischen Landesklinik erhofft sie sich vor allem eine regelmäßige Arbeitszeit. Sollte Julia Schiffmann diesen eigentlichen Bewerbungsgrund in ihrer Bewerbung angeben? Sammeln Sie weitere Anlässe für einen Arbeitsplatzwechsel, deren Nennung bei der Bewerbung problematisch sein könnte.*

1 Bewerbungsschreiben

Das Bewerbungsschreiben ist das wichtigste Schriftstück bei einer Bewerbung. Es vermittelt den ersten Eindruck vom Bewerber.

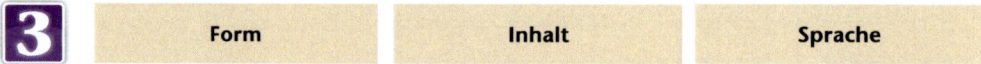

| **3** | Form | Inhalt | Sprache |

eines Bewerbungsbriefes müssen deshalb einwandfrei gestaltet sein.

1.1 Form eines Bewerbungsbriefes

Eine überzeugende formale Gestaltung der Bewerbungsunterlagen dokumentiert wichtige berufsrelevante Kompetenzen.

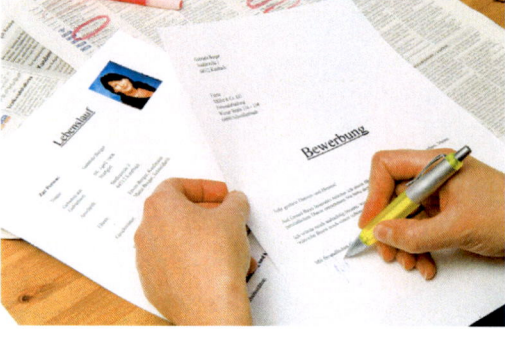

Der Bewerbungsbrief wird auf einem Briefblatt im Format A4 angefertigt. Die Beschriftung erfolgt nach den Schreib- und Gestaltungsregeln für die Textverarbeitung (DIN 5008). Das Schreiben auf Seite 87 kann als Muster herangezogen werden, wobei die Punkte am linken Rand die Leerzeilen markieren.

Verwenden Sie für Ihre Unterlagen eine Bewerbungsmappe. Diese Mappen sind im Schreibwarenfachhandel erhältlich. Das Anschreiben sollte hervorgehoben in der Bewerbungsmappe platziert werden. (Dies erleichtert der Personalabteilung die Arbeit.)

Das Bewerbungsschreiben und die anderen Bewerbungsunterlagen (Deckblatt, Lebenslauf mit Lichtbild, Zeugniskopien u. a.) sollten für den Versand nicht gefaltet werden. Verwenden Sie deshalb eine Briefhülle im Format C4, am besten mit kartoniertem Rücken.

1.2 Inhalt eines Bewerbungsbriefes

Stoffsammlung und Gliederung führen zu folgendem Ergebnis:

A.	(1) Bezug auf die Informationsquelle (z. B. Stellenanzeige)
B.	(2) Bewerbungssatz (3) Kurzer Hinweis auf den bisherigen schulischen und beruflichen Werdegang des Bewerbers/der Bewerberin (4) Angabe besonderer Kenntnisse und Fertigkeiten (5) Nennung des Bewerbungsgrundes (6) Eventuelle Angabe von Referenzen (7) Hinweis auf den möglichen Arbeitsbeginn
C.	(8) Bitte um ein persönliches Vorstellungsgespräch

Erläuterungen:

(1) Der Hinweis auf die **Informationsquelle** hat einleitenden Charakter.

(2) Der eigentliche Hauptteil des Bewerbungstextes beginnt mit dem **Bewerbungssatz**.

(3) Da der Bewerbungsbrief vom Empfänger in der Regel zuerst gelesen wird, sollte sich eine **kurze Vorstellung des Bewerbers** anschließen. Dabei hat man sich jedoch auf zwei oder drei wichtige Stationen des bisherigen Lebensweges zu beschränken. Weitergehende Informationen kann der Empfänger dem Lebenslauf entnehmen. Oft empfiehlt es sich, bei Bewerbungen diskret vorzugehen. Bewirbt man sich aus einer ungekündigten Stellung heraus, sollte man deshalb den aktuellen Arbeitgeber nicht namentlich nennen, sondern allgemein umschreiben.

(4) Mit dem Bewerbungstext will der Bewerber u. a. für seine Person werben. Dies erfolgt durch die Erläuterung ausgewählter **Kenntnisse** und **Fertigkeiten**. Dabei ist insbesondere auf die geforderten Qualifikationen einzugehen. Außerdem sollte man nach Möglichkeit die indirekte Darstellungsweise bevorzugen. Dabei werden Tatsachen dargestellt, aus denen der Adressat selbstständig Rückschlüsse auf bestimmte Kompetenzen des Bewerbers ziehen kann.

(5) Die Angabe des **Bewerbungsgrundes** ist unproblematisch, wenn die Bewerbung z. B. durch einen Wohnungswechsel bedingt ist. In manchen Situationen besteht jedoch die Gefahr, dass der eigentliche Bewerbungsgrund zum Nachteil des Bewerbers ausgelegt werden kann. In diesem Falle bietet es sich an, auf eine allgemeine Begründung auszuweichen. Sie ist so zu formulieren, dass positive Rückschlüsse auf die Person des Bewerbers möglich sind.

(6) Die Nennung von **Referenzen** setzt natürlich voraus, dass die angegebenen Personen informiert worden sind und ihre Zustimmung vorliegt.

(7) Es ist in jeder Hinsicht vorteilhaft, sich aus einer ungekündigten Stellung zu bewerben. Allerdings ist der Bewerber dann an vertragliche oder gesetzliche Kündigungsfristen gebunden. Sie sind beim Hinweis auf den **möglichen Arbeitsbeginn** zu beachten. Besteht die Aussicht auf ein Entgegenkommen des bisherigen Arbeitgebers, so ist dies im Bewerbungstext ebenfalls zum Ausdruck zu bringen.

Beispiel

„Aufgrund der gesetzlichen Kündigungsvorschriften könnte ich eine neue Arbeitsstelle grundsätzlich zum 1. April 2012 antreten. Ein früherer Arbeitsbeginn ist jedoch eventuell nach Rücksprache mit meinem jetzigen Arbeitgeber möglich."

(8) Die Bitte um ein persönliches **Vorstellungsgespräch** schließt den Bewerbungstext ab.

Anzeigenanalyse als Grundlage für den Bewerbungstext

Bewirbt man sich auf eine Stellenanzeige, so ist diese genau zu analysieren. Nur dann ist sichergestellt, dass der Bewerbungstext inhaltlich auf die Anzeige abgestimmt werden kann. Folgende Fragen helfen, die Informationen aus dem Inserat herauszufiltern, die für das Bewerbungsschreiben wichtig sind:

Schlüsselfragen für die Analyse von Stellenanzeigen

1. Welche Aussagen werden über die ausgeschriebene Stelle gemacht? (z. B. Aufgabengebiete, Zuständigkeiten, Verantwortungsbereiche)

2. Welche Anforderungen an den Bewerber können aus dieser Stellenbeschreibung indirekt abgeleitet werden?

3. Welche Anforderungen an den Bewerber werden ausdrücklich gestellt? (z. B. Schulbildung, Ausbildung, Berufserfahrung, Kenntnisse, Fertigkeiten, gewünschter Arbeitsbeginn)

1.3 Sprache eines Bewerbungsbriefes

Der Bewerbungstext hat in erster Linie die Aufgabe, den Adressaten von der Qualifikation des Bewerbers zu überzeugen. Völlig falsch wäre es jedoch, in einen anpreisenden Reklamestil zu verfallen. Sachliche Darstellung und Information sind in diesem Fall die beste Werbung. Daraus ergeben sich folgende Grundsätze für die sprachliche Gestaltung des Bewerbungstextes:

1. Sachliche und informative Wortwahl
2. Verzicht auf ausschmückende und übertreibende Adjektive
3. Gezielter Einsatz berufsbezogener Fachausdrücke zum Nachweis der beruflichen Qualifikation des Bewerbers
4. Vermeidung von Wortwiederholungen
5. Verwendung eines einfachen und verständlichen Satzbaus
6. Unbedingte Vermeidung von Grammatik-, Rechtschreib- und Zeichensetzungsfehlern

2   Lebenslauf[1]

LEBENSLAUF

PERSÖNLICHE DATEN

Vor- und Zuname:	Julia Maria Schiffmann
Geburtsdatum:	14. Januar 1994
Geburtsort:	Oberhausen
Staatsangehörigkeit:	deutsch
Familienstand:	ledig
Konfession:	evangelisch
Wohnort:	53117 Bonn, Kölnstraße 235

SCHULBILDUNG

2000 bis 2004:	Grundschule in Oberhausen
2004 bis 2010:	Friedrich-Ebert-Realschule in Oberhausen, Abschluss: Fachoberschulreife mit Qualifikationsvermerk

BERUFSAUSBILDUNG

2010 bis 2013:	Ausbildung als medizinische Fachangestellte in einer internistischen Praxis in Bonn, Termin der Abschlussprüfung: Juni 2013

SPRACHKENNTNISSE

Englisch: Klassen 5 bis 10
Französisch: Klassen 7 bis 10

FORTBILDUNG

2010:	Kurs im 10-Finger-Tastschreiben Leistungszertifikat des Kaufmännischen Lehrinstituts Bonn (200 Anschläge/Minute; Note: sehr gut)

HOBBYS

Reiten
Schwimmen

Julia Schiffmann

Bonn, 19. Mai 2013

---

[1] *Das Lichtbild auf dem Lebenslauf entfällt, wenn es bereits auf dem Deckblatt zur Bewerbung angebracht worden ist.*

Eine wichtige Anlage zum Bewerbungsbrief ist der Lebenslauf. Aufgrund ihrer Übersichtlichkeit kann die maschinenschriftliche Tabellenform am ehesten die Informationsaufgabe eines Lebenslaufes erfüllen. Nur gelegentlich wird in Stellenanzeigen ein handschriftlicher Lebenslauf, eventuell auch in Berichtsform, gefordert.

Teilweise wird der Inhalt des Lebenslaufes von der Situation bestimmt. So ist es angemessen, dass noch nicht volljährige Bewerber(innen) um einen Ausbildungsplatz Angaben zu ihren Eltern machen. Bei Bewerbungen an einen kirchlichen Arbeitgeber ist die Konfession eine wichtige Information.

Zusammenfassung

Die erfolgreiche Bewerbung

Bewerbungsbrief	Lebenslauf	Bewerbungsmappe
1. Informieren Sie sich zuvor über die neue Stelle.	1. Vermitteln Sie relevante Informationen zu Ihrer Person.	1. Stellen Sie die notwendigen Unterlagen zusammen: – Bewerbungsbrief – Lebenslauf – Deckblatt – Bewerbungsfoto – Zeugniskopien – u. a.
2. „Werben" Sie stellenbezogen für Ihre Person.	2. Stellen Sie Ihre (Berufs-) Biografie übersichtlich dar.	2. Ordnen Sie alle Unterlagen in einer professionellen Bewerbungsmappe.
3. Vermeiden Sie aber einen aufdringlichen „Reklamestil".	3. Bevorzugen Sie bei freier Wahl die Tabellenform.	

Übungen

1. Eine Industriekauffrau weiß, dass sie aus betrieblichen Gründen nach Abschluss der Ausbildung vom Ausbildungsbetrieb nicht übernommen wird. Neben zwei Sachbearbeiterinnen können nur zwei Auszubildende beschäftigt werden.
Nennen Sie je zwei Argumente für und gegen die Angabe dieses Sachverhaltes als Bewerbungsgrund.

2. Als wichtige Anlage ist dem Bewerbungsschreiben der Lebenslauf beigefügt. Er informiert u. a. ausführlich über die Schulbildung und die Berufsausbildung der Bewerberin/des Bewerbers. Nehmen Sie Stellung zu der Auffassung, dass man deshalb im Bewerbungsbrief auf diese Angaben verzichten sollte.

3. Sie bewerben sich auf eine Chiffre-Anzeige. Damit besteht die Gefahr, dass Ihre Bewerbung an einen Empfänger weitergeleitet wird, bei dem Sie sich aus verschiedenen Gründen auf keinen Fall bewerben wollen.

a) Verfassen Sie ein Begleitschreiben an die Anzeigenabteilung der Zeitung, um die Weiterleitung Ihrer Bewerbung an drei bestimmte Unternehmungen (genauere Angaben nach eigener Wahl) auszuschließen.

b) Wie können Sie sicherstellen, dass dieses Schreiben in der Anzeigenabteilung auch zur Kenntnis genommen wird?

4. Ein Bürokaufmann ist als Sachbearbeiter in der Buchhaltung eines kleineren Familienbetriebes angestellt. Er möchte jedoch eine geeignete Arbeitsstelle in einer größeren Unternehmung übernehmen. Er erwartet von diesem Wechsel in erster Linie verbesserte Arbeitsbedingungen (z. B. vorteilhaftere und geregeltere Arbeitszeit, bessere Sozialleistungen, Verpflegungsmöglichkeit in einer Personalkantine usw.). Da entsprechende Stellenangebote nicht zu finden sind, schreibt er eine Unternehmung in der Nähe seines Wohnortes an. Verfassen Sie diese Initiativbewerbung (genauere Angaben nach eigener Wahl).

5. Gestalten Sie für Ihre Bewerbung ein Deckblatt (weitere Daten nach Ihrer Wahl). Sie können sich an folgender Vorlage orientieren.

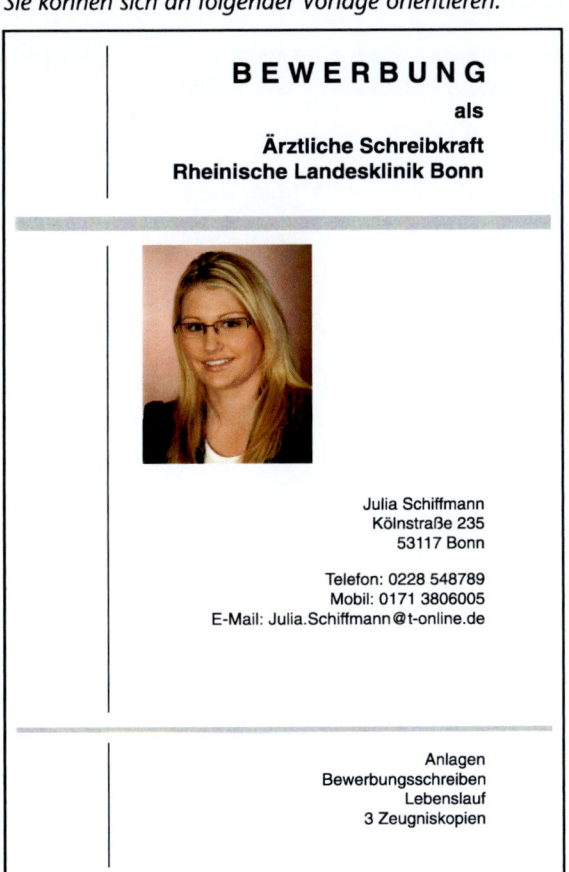

B E W E R B U N G

als

Ärztliche Schreibkraft
Rheinische Landesklinik Bonn

Julia Schiffmann
Kölnstraße 235
53117 Bonn

Telefon: 0228 548789
Mobil: 0171 3806005
E-Mail: Julia.Schiffmann@t-online.de

Anlagen
Bewerbungsschreiben
Lebenslauf
3 Zeugniskopien

6. Verfassen Sie einen Bewerbungsbrief für eine Bewerbung auf eine der folgenden Anzeigen. Oder suchen Sie mithilfe der Jobbörse (jobboerse.arbeitsagentur.de) ein für Sie geeignetes Stellenangebot, auf das Sie sich bewerben.

a) Gehen Sie davon aus, dass Sie sich kurz vor Abschluss Ihrer Ausbildung bewerben. Sie werden von Ihrem Ausbildungsunternehmen nicht in ein Arbeitsverhältnis übernommen.

b) *Gehen Sie davon aus, dass Sie zum Zeitpunkt der Bewerbung seit zwei Jahren als Sachbearbeiter/-in in Ihrem ehemaligen Ausbildungsunternehmen angestellt sind. Sie pflegen ein gutes Verhältnis zu Ihren Vorgesetzten. Diese haben für Ihren Wunsch, neue Berufserfahrungen zu sammeln, volles Verständnis.*

GENERAL-ANZEIGER   Samstag/Sonntag, 6./7. Oktober 20..

— STELLENMARKT —

Unser neues Büro in Rheinbach sucht für sofort

Bürokauffrau

für „Alles"

„Alles": Telefonieren, Schriftverkehr mit Office 2013, Erstellung Excel-tabellen mit Controlling, Ablage etc., Englisch-Grundkenntnisse werden vor-ausgesetzt, vollst. Bewerbungsunterlagen mit Gehaltsvorstellungen an:

Greverath Consult Mittelstandsberatungsges. mbH.
Frau Greverath
Heerstraßenbenden 5 · 53359 Rheinbach

DEUTSCHES INSTITUT FÜR ENTWICKLUNGSPOLITIK DIE

– eine gemeinnützige Gesellschaft des Bundes und des Landes Nordrhein-Westfalen – sucht zum Januar 20.. für den Bereich Öffentlichkeitsarbeit eine/einen

Sekretär/in

mit Englischkenntnissen
– Entgeltgruppe 5 TVöD –

Zu den Aufgaben gehören allgemeine Sekretariatsaufgaben, die Mitarbeit bei der Erstellung von DIE-Informationsmaterialien sowie die Unterstützung beim Aufbau und der Pflege eines Presseverteilers. Textverarbeitung, z. B. MS-WORD, und EXCEL-Kenntnisse werden vorausgesetzt.

Wir bieten angenehme Arbeitsbedingungen und die üblichen Sozialleistungen des öffentlichen Dienstes einschließlich einer zusätzlichen Altersversorgung. Bei gleicher Eignung werden Schwerbehinderte bevorzugt eingestellt.

Bewerbungen mit den üblichen Unterlagen werden bis zum 27. 10. 20.. schrift-lich erbeten an:

Deutsches Institut für Entwicklungspolitik gGmbH
Tulpenfeld 4 · 53113 Bonn
Telefon 0228 94927-0 · Telefax 0228 94927-130

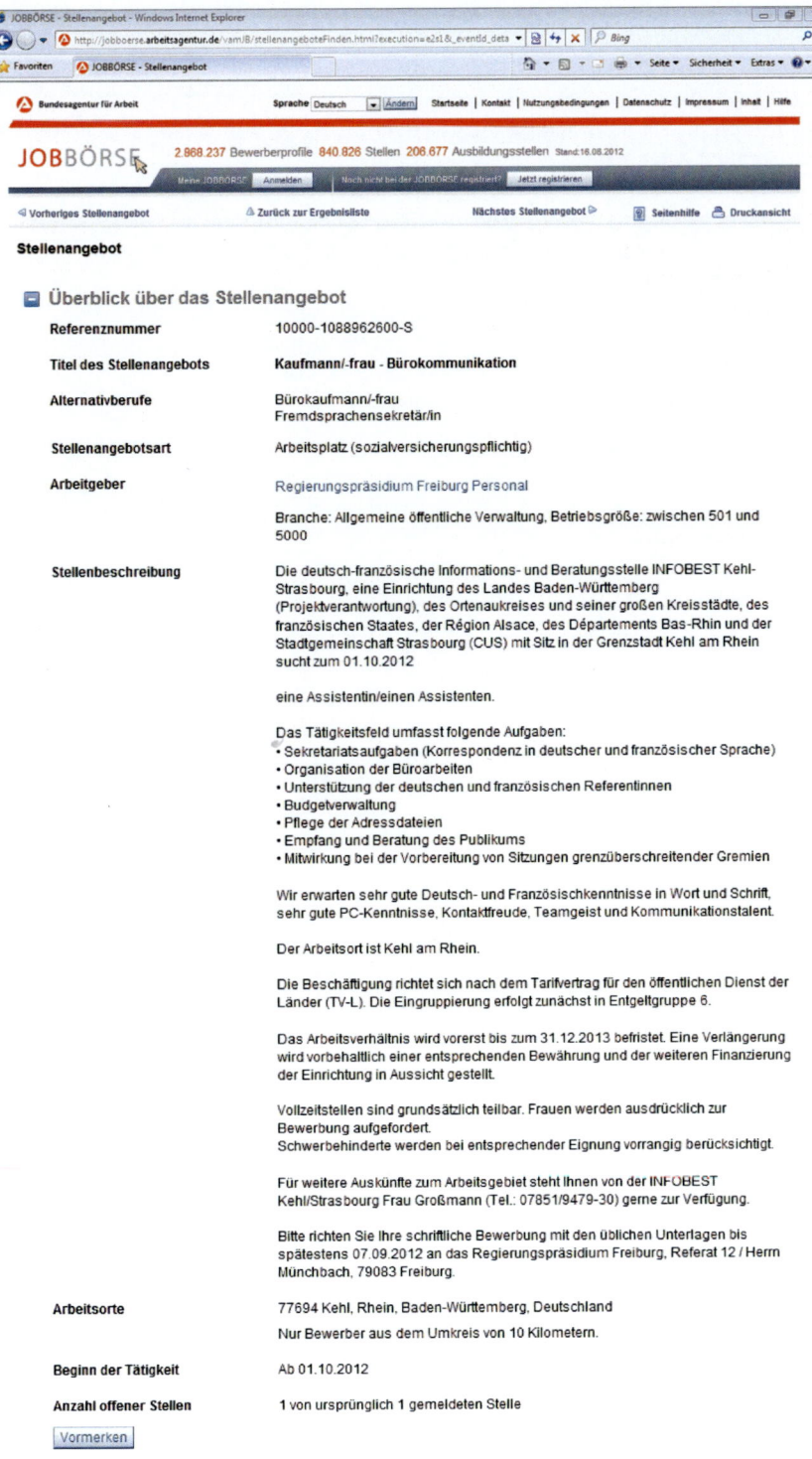

Stellenangebot

Überblick über das Stellenangebot

Referenznummer	10000-1088962600-S
Titel des Stellenangebots	**Kaufmann/-frau - Bürokommunikation**
Alternativberufe	Bürokaufmann/-frau Fremdsprachensekretär/in
Stellenangebotsart	Arbeitsplatz (sozialversicherungspflichtig)
Arbeitgeber	Regierungspräsidium Freiburg Personal Branche: Allgemeine öffentliche Verwaltung, Betriebsgröße: zwischen 501 und 5000
Stellenbeschreibung	Die deutsch-französische Informations- und Beratungsstelle INFOBEST Kehl-Strasbourg, eine Einrichtung des Landes Baden-Württemberg (Projektverantwortung), des Ortenaukreises und seiner großen Kreisstädte, des französischen Staates, der Région Alsace, des Départements Bas-Rhin und der Stadtgemeinschaft Strasbourg (CUS) mit Sitz in der Grenzstadt Kehl am Rhein sucht zum 01.10.2012 eine Assistentin/einen Assistenten. Das Tätigkeitsfeld umfasst folgende Aufgaben: • Sekretariatsaufgaben (Korrespondenz in deutscher und französischer Sprache) • Organisation der Büroarbeiten • Unterstützung der deutschen und französischen Referentinnen • Budgetverwaltung • Pflege der Adressdateien • Empfang und Beratung des Publikums • Mitwirkung bei der Vorbereitung von Sitzungen grenzüberschreitender Gremien Wir erwarten sehr gute Deutsch- und Französischkenntnisse in Wort und Schrift, sehr gute PC-Kenntnisse, Kontaktfreude, Teamgeist und Kommunikationstalent. Der Arbeitsort ist Kehl am Rhein. Die Beschäftigung richtet sich nach dem Tarifvertrag für den öffentlichen Dienst der Länder (TV-L). Die Eingruppierung erfolgt zunächst in Entgeltgruppe 6. Das Arbeitsverhältnis wird vorerst bis zum 31.12.2013 befristet. Eine Verlängerung wird vorbehaltlich einer entsprechenden Bewährung und der weiteren Finanzierung der Einrichtung in Aussicht gestellt. Vollzeitstellen sind grundsätzlich teilbar. Frauen werden ausdrücklich zur Bewerbung aufgefordert. Schwerbehinderte werden bei entsprechender Eignung vorrangig berücksichtigt. Für weitere Auskünfte zum Arbeitsgebiet steht Ihnen von der INFOBEST Kehl/Strasbourg Frau Großmann (Tel.: 07851/9479-30) gerne zur Verfügung. Bitte richten Sie Ihre schriftliche Bewerbung mit den üblichen Unterlagen bis spätestens 07.09.2012 an das Regierungspräsidium Freiburg, Referat 12 / Herrn Münchbach, 79083 Freiburg.
Arbeitsorte	77694 Kehl, Rhein, Baden-Württemberg, Deutschland Nur Bewerber aus dem Umkreis von 10 Kilometern.
Beginn der Tätigkeit	Ab 01.10.2012
Anzahl offener Stellen	1 von ursprünglich 1 gemeldeten Stelle

7. Sollen folgende Tatsachen im tabellarischen Lebenslauf Berücksichtigung finden? Begründen Sie Ihre Entscheidung.

a) Dreiwöchiges Ausbildungsverhältnis als Verkäuferin vor Beginn der Ausbildung zur medizinischen Fachangestellten

b) Dreimonatige Arbeitslosigkeit zwischen Abschluss der Ausbildung und Antritt der momentanen Arbeitsstelle

c) Bestehende sechsmonatige Arbeitslosigkeit zum Zeitpunkt der Bewerbung

d) Volkshochschulkurs in der Textverarbeitung ohne bestandene Abschlussprüfung

e) Länger zurückliegende viermonatige Arbeitsunfähigkeit wegen Krankheit

f) Scheidung nach einjähriger Ehe

g) Einjährige Unterbrechung der Berufstätigkeit wegen einer Weltreise

h) Mögliche Schwangerschaft zum Zeitpunkt der Bewerbung

i) Mitgliedschaft in Vereinen, Organisationen und Parteien

j) Außerberufliche Interessen und Tätigkeiten

k) Vorhandensein einer Behinderung

l) Besondere Fremdsprachenkenntnisse

m) Besondere Staatsangehörigkeit

n) Konfessionszugehörigkeit

8. Schreiben Sie Ihren Lebenslauf für eine Bewerbung

a) in tabellarischer Form

b) in Berichtsform (Fließtext)

E   Elektronischer Schriftverkehr

1   Elektronische Post (E-Mail)

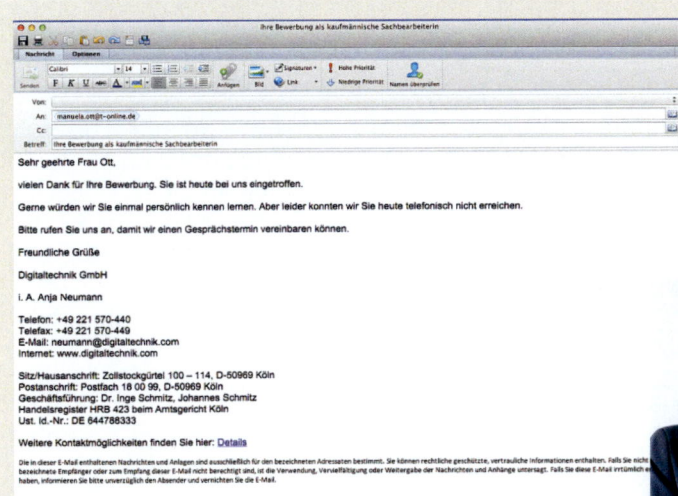

Sie sind Mitarbeiter/-in der „Digitaltechnik GmbH". Mit Ihrem Kunden Martin Hagemann haben Sie für kommenden Dienstag einen Gesprächstermin vereinbart. Herr Hagemann hat Interesse an der Installation eines WLAN-Netzes auf seinem Betriebsgelände. Dieser Beratungstermin muss verlegt werden, denn der aktuelle Prospekt mit den neuesten technischen Daten der Anlage ist erst in 14 Tagen verfügbar.

Arbeitsaufträge

1. *Informieren Sie sich mithilfe der folgenden Erläuterungen über E-Mails. Schreiben Sie eine E-Mail an den Kunden Martin Hagemann. Schlagen Sie in Ihrer Mitteilung auch einen Ersatztermin vor und bitten Sie um eine Bestätigung durch den Kunden.*

2. *Informieren Sie sich mithilfe der folgenden Erläuterungen über das Internet sowie über die Möglichkeiten, das Internet für Veröffentlichungen und als Informationsquelle zu nutzen. Fertigen Sie dazu für Ihre Abteilungsleitung einen Bericht an.*

1.1 Internet – Basis der modernen Kommunikationstechnologie

Die Globalisierung der Märkte hat den Wettbewerb in allen Wirtschaftsbereichen verschärft. Unternehmungen müssen flexibel auf Kundenwünsche reagieren und kostengünstig produzieren. Die Nutzung der neuen Informations- und Kommunikationstechnologien ist eine wichtige Maßnahme, um in dieser weltweiten Konkurrenzsituation bestehen zu können.

Der schnelle und kostengünstige Schriftverkehr via elektronischer Post ersetzt zusehends die herkömmliche Papierpost. Die Präsentation der eigenen Unternehmung und der Kundensupport (Kundendienst) im Internet gehören mittlerweile zum Muss für Unternehmen, die auch in Zukunft erfolgreich sein wollen.

Grundlage für den Einsatz der neuen Informations- und Kommunikationstechnologien ist das Internet. Das Internet ist eine Ansammlung vieler kleinerer lokaler Computernetzwerke, die über Kommunikations-Server miteinander verbunden sind. Somit ist ein Datenaustausch zwischen allen Computern des Gesamtnetzes (Internet) möglich.

Sollen z. B. Informationen von einem Computer A in Deutschland an einen Computer B in den USA übertragen werden, so werden sie in der Regel nicht direkt, sondern über eine Vielzahl von Kommunikations-Servern versandt. Dies ist erforderlich, da es meistens keine direkte Verbindung zwischen Quell- und Ziel-Computer gibt. Die Kommunikations-Server dienen gleichsam als Poststationen, die ‚Pakete' entgegennehmen und an die nächste Poststation weiterleiten, bis das Ziel erreicht ist.

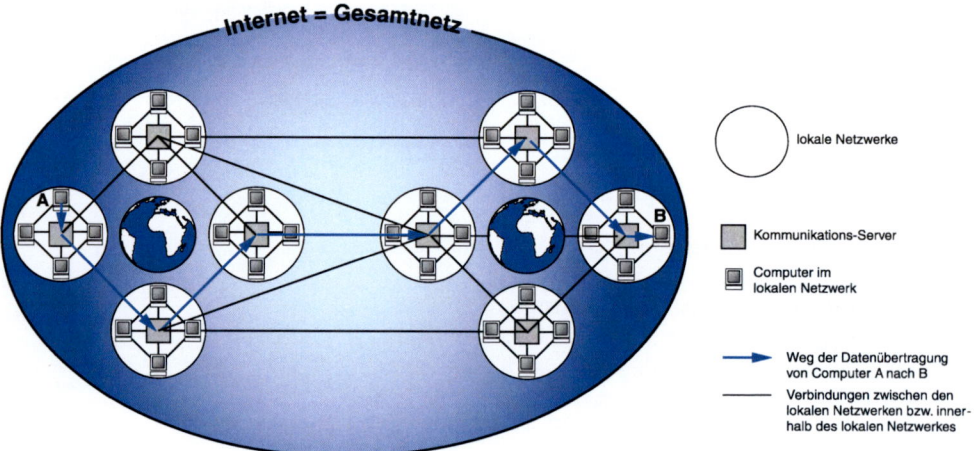

1.2 Aufbau und Gestaltung einer E-Mail

Für E-Mails, die als Geschäftsbrief verwendet werden, sind die in der DIN 5008[1] (Kapitel 18: E-Mail) festgelegten formalen Regelungen zu beachten. Die folgende Abbildung zeigt am Beispiel des E-Mail-Programms Outlook von Microsoft die wichtigsten Bestandteile einer E-Mail.

---

[1] Vgl. Seite 33

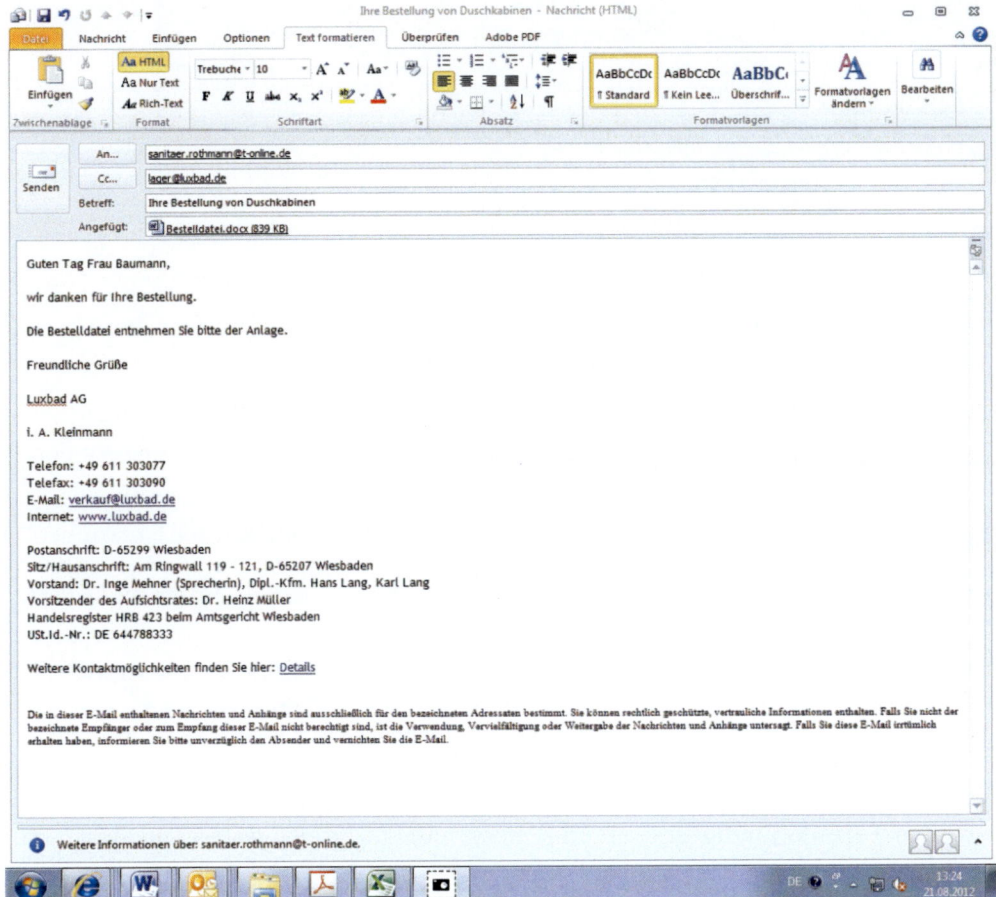

An…-Feld: Sie müssen eine eindeutige E-Mail-Adresse eintragen.

Eine E-Mail kann im Adressfeld auch an mehrere gleichberechtigte Empfänger adressiert sein. Die E-Mail-Adressen werden dann durch Semikolon getrennt:

frank.baumann@t-online.de; hilde.schneider@web.de

E-Mail-Adressen sind nach dem folgenden Schema aufgebaut:

Name des E-Mail-Nutzers	@	Domain	Top-Level-Domain
sanitaer-rabmann	@	t-online	.de

Vor dem als at gesprochenen @-Zeichen steht in der Regel der Name des E-Mail-Nutzers. Er kann nur in Absprache mit dem Domain-Betreiber gewählt werden, um die Eindeutigkeit des Namens innerhalb der Domain sicherzustellen.

Die Domain ist die Bezeichnung des Anbieters, der die E-Mail verwaltet. Die Domain kann wiederum nur in Absprache mit einer zentralen Vergabestelle gewählt werden, um in Kombination mit der Top-Level-Domain die Eindeutigkeit zu gewährleisten.

Die Top-Level-Domain erlaubt eine sachliche oder geographische Kennzeichnung der Domain.

Übersicht über wichtige Top-Level-Domains			
Sachliche Kennzeichnung		Geografische Kennzeichnung	
Kürzel	Bedeutung	Kürzel	Bedeutung
.com	Unternehmen („commercial")	.de	Deutschland
.edu	Bildungsinstitutionen („educational")	.uk	Großbritannien
.gov	Staatliche Institutionen („government")	.fr	Frankreich

Cc...-Feld (carbon copy): In das elektronische Verteilerfeld tragen Sie weitere E-Mail-Adressen ein, wenn die Mitteilung an diese Empfänger ebenfalls verschickt werden soll.

Bcc...-Feld (blind carbon copy): Hier eingetragene E-Mail-Anschriften sind für andere Empfänger nicht sichtbar.

Betreff:-Feld: Hier tragen Sie den Inhalt stichwortartig ein. Diese Angabe ist zwingend erforderlich. Der Betreff dient dem Adressaten nicht nur zur Orientierung, sondern kann auch zur automatischen Einordnung der E-Mail in einen Ordner verwendet werden.

Anfügen...-Feld: Als Anlage (Attachment) zu Ihrer E-Mail können Sie Dateien beliebigen Formats anhängen. Das kann z. B. ein Text im Word-Format, eine Tabelle im Excel-Format oder eine Grafik sein. Der Empfänger kann die Anlage speichern und sie beliebig bearbeiten, so als hätte er diese Datei selbst erstellt.

Anrede: Bei E-Mails als Ersatz für Geschäftsbriefe ist die Anrede fester Bestandteil. Die Anrede wird linksbündig gesetzt und durch eine Leerzeile vom folgenden Text getrennt.

Text: Den Text erfassen Sie ohne Worttrennungen, weil der Zeilenumbruch durch die Software des Empfängers gesteuert und seiner jeweiligen Fenstergröße angepasst wird. Absätze trennen Sie durch eine Leerzeile vom jeweils folgenden Text.

E-Mail-Abschluss: Der Abschluss wird in der Regel als elektronischer Textbaustein angefügt. Er enthält den Gruß, die Kommunikationsangaben und weitere Angaben zum Absender. Der Abschluss muss vor allem die E-Mail- und/oder die Internet-Adresse aufweisen. Ebenso sind die gesetzlich vorgeschriebenen Angaben nach HGB, GmbHG oder AktG in den Abschluss aufzunehmen.

1.3 Verwaltung von E-Mails

Der schnelle und kostengünstige Schriftverkehr via elektronischer Post ersetzt zusehends die herkömmliche Papierpost. Ein weiterer Vorteil von E-Mail ist, dass man erhaltene E-Mails durch eine Antworten-Funktion direkt beantworten kann. Dabei bleibt der gesamte vorangegangene Schriftwechsel für Absender und Empfänger einsehbar. All diese Vorzüge führen dazu, dass die Zahl der erhaltenen und versandten E-Mails sehr schnell anwächst. Um nicht den Überblick zu verlieren, ist es erforderlich, die elektronische Korrespondenz geordnet zu verwalten.

Wichtigste Hilfe dabei sind sogenannte Ordner. E-Mail-Programme wie Microsoft Outlook geben bereits eine Ordner-Struktur vor. Bei Bedarf können zusätzliche Ordner strukturiert angelegt werden. Zur Verwaltung der Kundenkorrespondenz ist z. B. die folgende Ordner-Struktur denkbar.

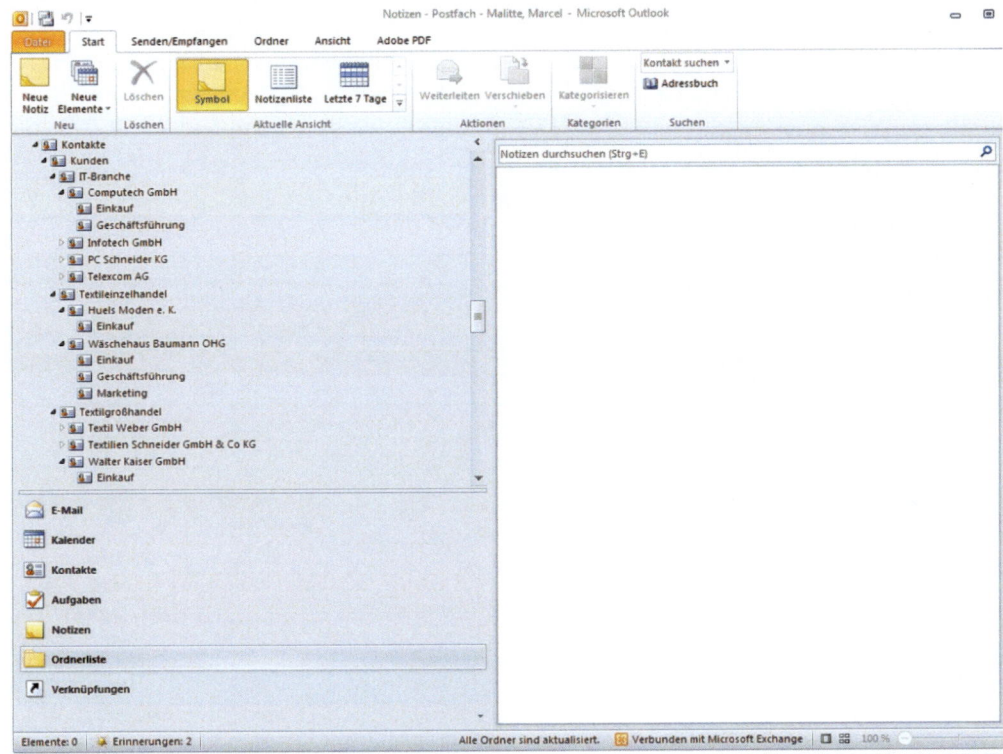

1.4 Datenschutz durch Verschlüsselung und Authentifizierung von E-Mails

Beim gegenwärtigen Entwicklungsstand der Technik ist eine E-Mail ohne besondere Vorkehrungen kein sicheres Medium. Eine E-Mail muss eher mit einer Postkarte als mit einem verschlossenen Brief verglichen werden. Dieses Sicherheitsrisiko ist vielen Anwendern aber noch nicht bewusst.

Auf ihrem Weg zum Empfänger passiert jede E-Mail eine Vielzahl von Kommunikationsservern als Zwischenstation[1]. Auf jeder dieser Zwischenstationen kann sie gelesen und geändert werden. Andererseits besteht die Möglichkeit, dass andere Personen E-Mails unter falschem Namen versenden.

In bestimmten Fällen kann es deshalb erforderlich sein, seine E-Mail durch eine Verschlüsselung gegen unberechtigtes Lesen und Verändern zu schützen. Wichtige E-Mails

---

[1] Vgl. Abschnitt E, Kapitel 1.1 Seite 98

(z. B. E-Mails mit rechtlich bindenden Willenserklärungen) sollten mit einer digitalen Unterschrift versehen werden.

Ein verbreitetes und sicheres Programm zur Verschlüsselung und zur elektronischen Signatur ist Pretty Good Privacy (PGP). PGP benutzt ein Verfahren mit einem öffentlichen und mit einem privaten Schlüssel.

Als E-Mail-Nutzer erzeugt man zunächst mittels PGP seinen öffentlichen und privaten Schlüssel. Den öffentlichen Schlüssel verbreitet man an alle möglichen Kommunikationspartner. Der private Schlüssel wird dagegen geheim gehalten. Auch von seinen Kommunikationspartnern erhält man deren öffentliche Schlüssel.

Beim Versenden einer E-Mail verschlüsselt der Absender sie mit dem öffentlichen Schlüssel des Empfängers. Nur dieser kann die E-Mail dann mit seinem geheimen privaten Schlüssel entschlüsseln. Auf diesem Wege wird die Mitteilung vor unberechtigtem Lesen geschützt.

Zusätzlich kann der Absender die E-Mail mit seinem geheimen privaten Schlüssel signieren. Der Empfänger kann dann mit dem öffentlichen Schlüssel des Absenders prüfen, ob die E-Mail authentisch ist.

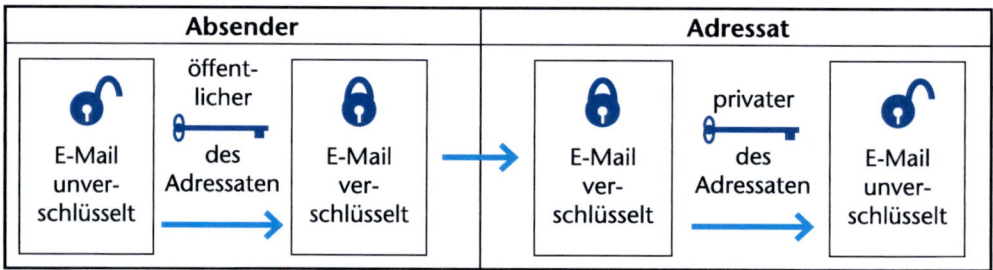

Verschlüsselung und Entschlüsselung mit PGP

1.5 Vorteile der elektronischen Post (E-Mail)

Der Einsatz von E-Mail bringt eine Vielzahl von Vorteilen mit sich:

- Die E-Mail erreicht **direkt** den Adressaten, z. B. die zuständige Sachbearbeiterin in einer Abteilung. Die Verteilung durch eine Poststelle oder das Öffnen durch eine Sekretärin erübrigt sich.

- E-Mail ist **sehr schnell**. In der Regel erfolgt die Zustellung weltweit innerhalb weniger Sekunden.

- E-Mail ist **sehr preisgünstig**. Es fallen nur Telefongebühren und eventuelle Gebühren des Zugangsproviders an. Diese Kosten sind aufgrund von Pauschaltarifen (Flatrates) mittlerweile sehr niedrig.

- Es werden **Text-Dateien** übertragen, die bearbeitet werden können.

- Über sogenannte **Anlagen (Attachments)** können beliebige Computer-Dateien übertragen werden, z. B. Word-Dokumente, Excel-Tabellen, Präsentationen, Grafiken etc.

- E-Mail ermöglicht die günstige und schnelle Erstellung von **Rundschreiben** (Serien-E-Mails)

- E-Mails können unter Aufrechterhaltung des Sachzusammenhangs **beantwortet** werden. D. h., man fügt einer erhaltenen E-Mail einen Kommentar hinzu und sendet diese E-Mail an den Absender zurück. So bleibt der gesamte Vorgang transparent. Man kann sofort den bisherigen Schriftverkehr einsehen.

2 Publizieren im Internet

Statt Dokumente (z. B. Angebote, Werbebriefe) an einen oder mehrere Adressaten individuell zu versenden, kann man diese Dokumente auf einem eigenen Kommunikations-Server oder im gemieteten Bereich eines fremden Kommunikations-Servers publizieren. Die Dokumente können dabei nicht nur Text, sondern auch multimediale Komponenten (Bilder, Ton, Animationen, Video-Clips) enthalten. Auf diese Weise kann sich jede Unternehmung werbewirksam in der Öffentlichkeit präsentieren. Die Informationen stehen möglichen Interessenten zur Ansicht oder zum Download (Speicherung auf der eigenen Festplatte) zur Verfügung.

Der Internetdienst zur Publikation derartiger multimedialer Informationen ist das World Wide Web (WWW). Es basiert auf dem sogenannten „Hypertext-Prinzip". Hypertext ermöglicht die Verknüpfung von Textteilen durch sogenannte Hyperlinks. Hyperlinks werden farblichhervorgehoben und/oder unterstrichen dargestellt. Ein einfacher Klick auf einen Hyperlink öffnet den zugehörigen Textteil, sodass der Leser zielgerichtet auf ihn interessierende Passagen zugreifen kann.

Die Ausgangsseite einer WWW-Präsentation ist die Homepage[1].

Für die Erstellung von Dokumenten im WWW wird die Sprache HTML (Hypertext Markup Language) verwendet. Da das Erlernen dieser Formatierungssprache mit erheblichem Aufwand verbunden ist, wurde eine Vielzahl von Generatoren entwickelt. Diese Generatoren ermöglichen es dem Laien, Texte zum Beispiel in Microsoft Word zu erstellen und sie anschließend im HTML-Format abzuspeichern, ohne dass er komplizierte HTML-Formatbefehle kennen muss.

3 Informationsrecherche im Internet

Das World Wide Web repräsentiert eine riesige Informationsdatenbank. Mittels geeigneter Werkzeuge, sogenannter „Suchmaschinen", lässt sich zielgerichtet auf relevante Informationen zugreifen. Verbreitete Suchmaschinen sind z. B. Google (www.google.de), Yahoo (www.yahoo.com oder www.yahoo.de) oder Altavista (www.altavista.com).

Im Zusammenhang mit dem kaufmännischen Schriftverkehr sind z. B. die WWW-Präsentationen von Unternehmen interessant. Diese Präsentationen enthalten Detailinformationen (z. B. Anschrift, Zweigniederlassungen, Produktpalette). Dies erspart aufwendige Telefonate oder Rückfragen. Die folgende Abbildung zeigt als Beispiel die Homepage des Bildungsverlags EINS.

---

[1] *Vgl. Abschnitt E, Kapitel 4.3, Seite 111 f.*

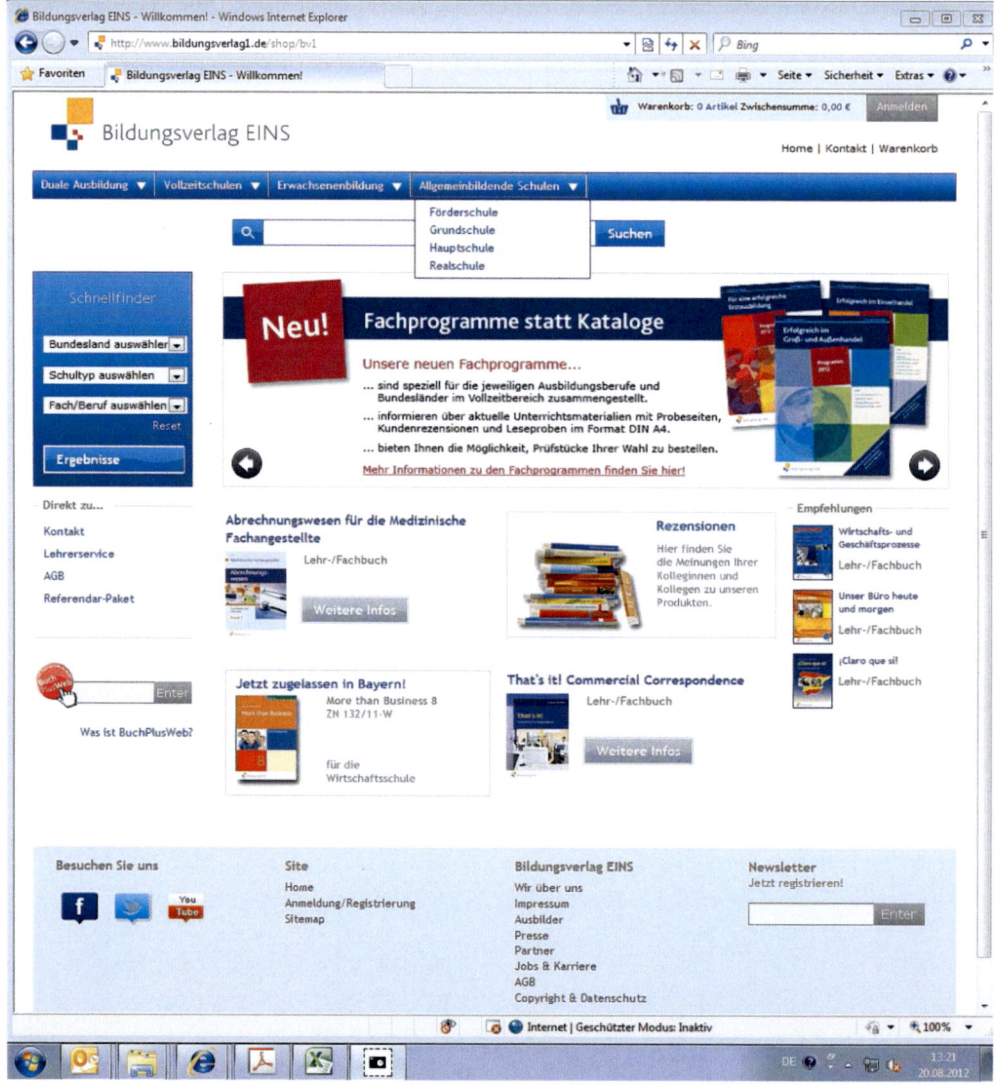

Für aktuelle Informationen zu Dokumentenstandards sowie zum Herunterladen von Formatvorlagen für Geschäftsbriefe ist die folgende WWW-Adresse interessant:

- www.din.de

Zusammenfassung

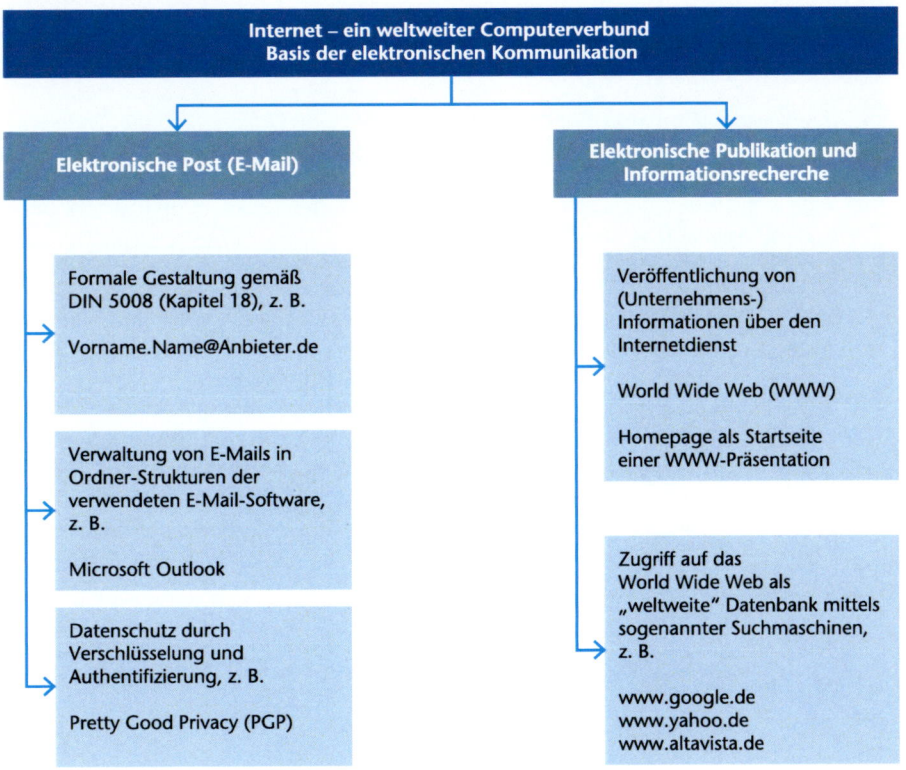

Internet – ein weltweiter Computerverbund
Basis der elektronischen Kommunikation

Elektronische Post (E-Mail)

Elektronische Publikation und Informationsrecherche

Formale Gestaltung gemäß DIN 5008 (Kapitel 18), z. B.

Vorname.Name@Anbieter.de

Verwaltung von E-Mails in Ordner-Strukturen der verwendeten E-Mail-Software, z. B.

Microsoft Outlook

Datenschutz durch Verschlüsselung und Authentifizierung, z. B.

Pretty Good Privacy (PGP)

Veröffentlichung von (Unternehmens-) Informationen über den Internetdienst

World Wide Web (WWW)

Homepage als Startseite einer WWW-Präsentation

Zugriff auf das World Wide Web als „weltweite" Datenbank mittels sogenannter Suchmaschinen, z. B.

www.google.de
www.yahoo.de
www.altavista.de

Übungen

1. *Entwerfen Sie eine E-Mail-Ordnerstruktur für die interne Kommunikation der Luxbad AG mit den Abteilungen Geschäftsleitung, Verwaltung, Einkauf, Lager, Produktion und Verkauf.*

2. *Erklären Sie folgende E-Mail-Adressen:*
   - *lager@weber_ohg.de*
   - *schneider@aol.com*
   - *helpdesk@microsoft.com*

3. *Nehmen Sie Stellung zu folgender Aussage: „E-Mail kommt für unsere Unternehmung nicht in Frage, denn man kann ja nur unformatierten Text versenden."*

4. *Viele deutsche Unternehmen verzichten bisher darauf, ihre E-Mails zu verschlüsseln. Beurteilen Sie diese Tatsache vor dem Hintergrund, dass Produktionsdaten, Bilanzzahlen und Strategiepapiere per E-Mail ausgetauscht werden.*

5. *Unterscheiden Sie Authentifizierung und Verschlüsselung (Kryptografie).*

6. *Erläutern Sie das Hypertext-Prinzip und seine Vorteile.*

7. *Gliedern Sie das vorliegende Kapitel „Elektronischer Schriftverkehr" als Hypertext.*

8. *Erläutern Sie Nutzungsmöglichkeiten der Publikation von Informationen im World Wide Web für*
   a) Unternehmen,
   b) Privatpersonen,
   c) Behörden.

9. *Ihre Kollegin, Frau Maier, hat seit ein paar Tagen einen Internetzugang. Erklären Sie ihr die Begriffe E-Mail, World Wide Web, Homepage und Hyperlinks.*

10. *Schreiben Sie eine normgerechte E-Mail an Ihre Vorgesetzte bzw. an Ihren Klassenlehrer, z. B. Entschuldigung, Urlaubsantrag.*

11. *Ihr Unternehmen erhält von einem Lieferer (weitere Angaben nach eigener Wahl) per Fax ein Sonderangebot über verschiedene Artikel (weitere Festlegungen nach eigener Wahl). Da es sich um einen Restposten handelt, erhält das Angebot die Klausel „solange der Vorrat reicht". Bestellungen sind auch per E-Mail möglich.*
    a) Verfassen Sie den Bestelltext. Weitere Angaben, z. B. Art der Artikel, Bestellmenge, Preis, Lieferungs- und Zahlungsbedingungen, ergänzen Sie bitte nach eigener Entscheidung. Achten Sie darauf, dass Ihr Text die Elemente „Einleitung – Hauptteil – Schluss" deutlich erkennen lässt.
    b) Schreiben Sie die E-Mail mit Ihrem Bestelltext. Achten Sie dabei auf eine normgerechte Gestaltung der formalen E-Mail-Elemente („An…-Feld", „Betreff:-Feld", „Anrede", „Abschluss").

4   Onlinebewerbung

In der Global-Finanz AG, einer Gesellschaft für Finanz- und Vermögensberatung, ist die Stelle einer IT-Systemkauffrau bzw. eines IT-Systemkaufmanns zu besetzen. Interne Bewerberinnen und Bewerber stehen nicht zur Verfügung. Die Stelle soll deshalb extern besetzt werden. Da gerade qualifizierte IT-Fachkräfte bei der Stellensuche das Internet nutzen, will die Global-Finanz AG bei ihrer Personalakquise diese Möglichkeiten ebenfalls berücksichtigen.

Arbeitsaufträge

1. Informieren Sie sich mithilfe der folgenden Erläuterungen, wie das Internet im Zusammenhang mit Bewerbungen genutzt werden kann.

2. Suchen Sie im Internet die Homepages inländischer Großunternehmen auf, z. B. DAX-Unternehmen. Bieten diese Unternehmen die Möglichkeit an, sich über eine Website ihres Internetauftritts direkt online zu bewerben?

3. Erstellen Sie für die Personalleitung der Global-Finanz AG einen Bericht zu den Möglichkeiten sowie zu den Vor- und Nachteilen der Personalbeschaffung unter Nutzung des Internets.

Jede Versendung einer Bewerbungsmappe ist nicht nur kostenintensiv, sondern auch zeitaufwendig. Erfahrungsgemäß kann eine Stellenbesetzung unter Nutzung des Internets wesentlich zügiger abgewickelt werden. Denn im Web ist ein direkter Abgleich zwischen den Anforderungen des Arbeitgebers und den Qualifikationen der Bewerber möglich (Profil-Matching). Darüber hinaus zeigt die Onlinebewerbung die Aufgeschlossenheit gegenüber neuen Technologien. Besonders Unternehmen aus dem IT-Bereich geben daher der Onlinebewerbung gegenüber dem „Postpaket" oft den Vorzug.

Die Nutzung des Internets bei einer Bewerbung konkretisiert sich in folgenden Möglichkeiten:

- Bewerbung via E-Mail
- Bewerbung über ein Onlineformular
- Bewerbung über eine eigene WWW-Präsentation

4.1 Bewerbung via E-Mail

Eine Bewerbung via E-Mail ist dann sinnvoll, wenn in der Stellenanzeige eine E-Mail-Adresse angegeben wird oder wenn vorher telefonisch geklärt worden ist, dass eine E-Mail-Bewerbung erwünscht ist.

Genauso wie eine traditionelle Papierbewerbung enthält die korrekte E-Mail-Bewerbung folgende Elemente: Bewerbungsschreiben, Lebenslauf und weitere in der Regel gescannte Anlagen (Lichtbild, Zeugnisse, Bescheinigungen u. a.).

Aus Angst vor Computerviren öffnen viele Unternehmungen jedoch keine Attachments (Anlagen) von E-Mails unbekannter Absender. Es bietet sich deshalb an, als Erstkontakt nur das Bewerbungsschreiben als E-Mail zu versenden und die Zusendung einer Bewerbungsmappe anzubieten. Dabei kann erfragt werden, ob der Empfänger eine „digitale Mappe" oder die traditionelle Print-Version per Post wünscht.

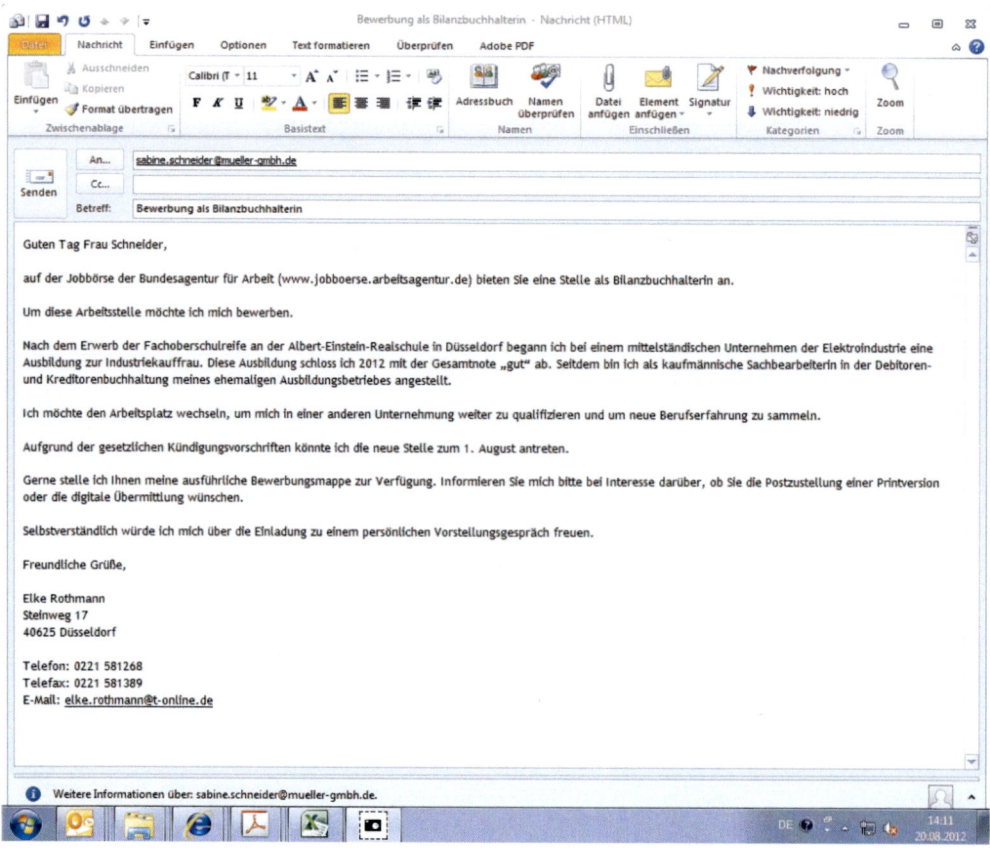

Damit eine E-Mail-Bewerbung zum Erfolg führt, sollten folgende Grundregeln berücksichtigt werden.

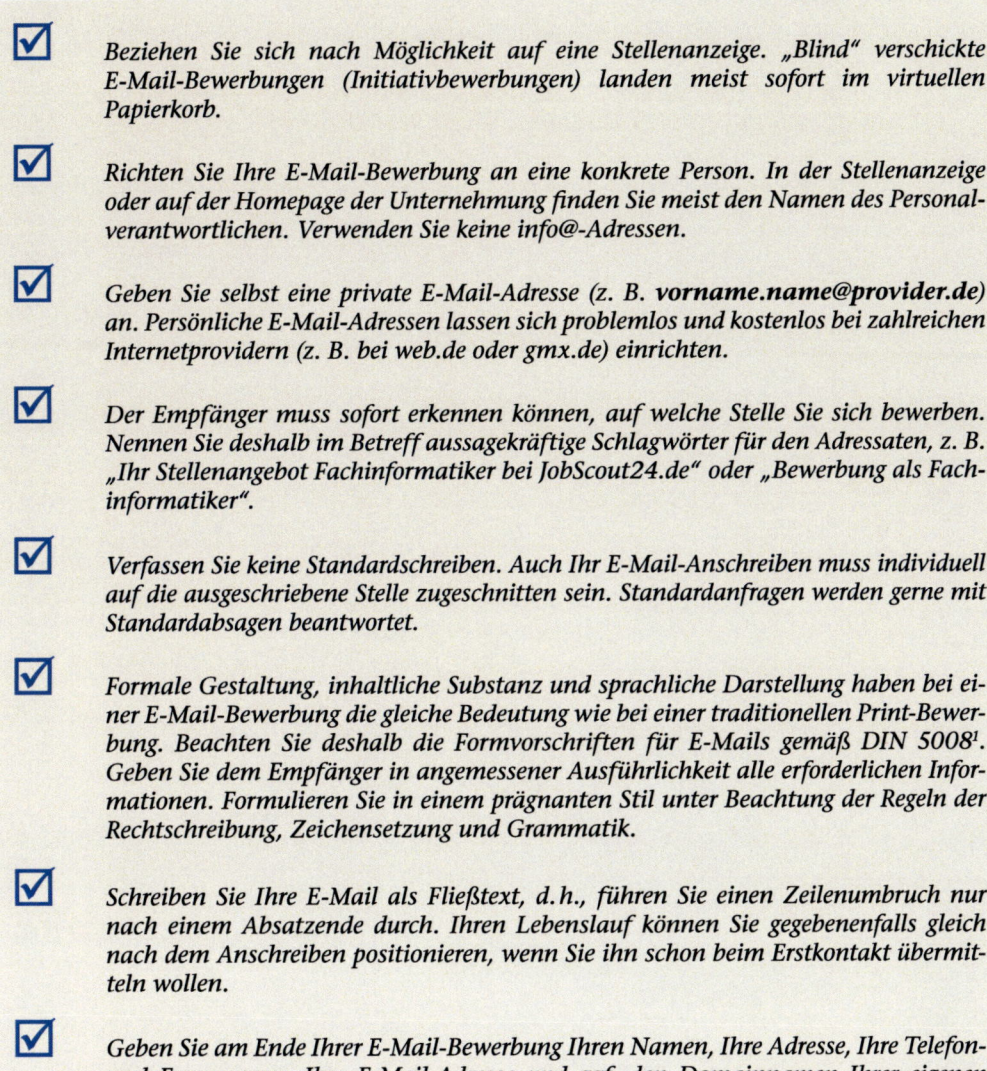

☑ *Beziehen Sie sich nach Möglichkeit auf eine Stellenanzeige. „Blind" verschickte E-Mail-Bewerbungen (Initiativbewerbungen) landen meist sofort im virtuellen Papierkorb.*

☑ *Richten Sie Ihre E-Mail-Bewerbung an eine konkrete Person. In der Stellenanzeige oder auf der Homepage der Unternehmung finden Sie meist den Namen des Personalverantwortlichen. Verwenden Sie keine info@-Adressen.*

☑ *Geben Sie selbst eine private E-Mail-Adresse (z. B. **vorname.name@provider.de**) an. Persönliche E-Mail-Adressen lassen sich problemlos und kostenlos bei zahlreichen Internetprovidern (z. B. bei web.de oder gmx.de) einrichten.*

☑ *Der Empfänger muss sofort erkennen können, auf welche Stelle Sie sich bewerben. Nennen Sie deshalb im Betreff aussagekräftige Schlagwörter für den Adressaten, z. B. „Ihr Stellenangebot Fachinformatiker bei JobScout24.de" oder „Bewerbung als Fachinformatiker".*

☑ *Verfassen Sie keine Standardschreiben. Auch Ihr E-Mail-Anschreiben muss individuell auf die ausgeschriebene Stelle zugeschnitten sein. Standardanfragen werden gerne mit Standardabsagen beantwortet.*

☑ *Formale Gestaltung, inhaltliche Substanz und sprachliche Darstellung haben bei einer E-Mail-Bewerbung die gleiche Bedeutung wie bei einer traditionellen Print-Bewerbung. Beachten Sie deshalb die Formvorschriften für E-Mails gemäß DIN 5008[1]. Geben Sie dem Empfänger in angemessener Ausführlichkeit alle erforderlichen Informationen. Formulieren Sie in einem prägnanten Stil unter Beachtung der Regeln der Rechtschreibung, Zeichensetzung und Grammatik.*

☑ *Schreiben Sie Ihre E-Mail als Fließtext, d.h., führen Sie einen Zeilenumbruch nur nach einem Absatzende durch. Ihren Lebenslauf können Sie gegebenenfalls gleich nach dem Anschreiben positionieren, wenn Sie ihn schon beim Erstkontakt übermitteln wollen.*

☑ *Geben Sie am Ende Ihrer E-Mail-Bewerbung Ihren Namen, Ihre Adresse, Ihre Telefon- und Faxnummer, Ihre E-Mail-Adresse und ggf. den Domainnamen Ihrer eigenen Homepage/Bewerbungswebsite an.*

Erhält man nach spätestens zehn Tagen kein Feedback, sollte telefonisch nachgefragt werden, ob die E-Mail angekommen ist. Wichtig ist, das eigene Mail-Postfach regelmäßig, am besten täglich, abzurufen, um auf Rückfragen und Terminvorschläge seitens der angeschriebenen Unternehmen schnell reagieren zu können. Erfolgt die Aufforderung, digitale Unterlagen nachzureichen, sollte auf Folgendes geachtet werden:

---

[1] Vgl. Abschnitt E, Kapitel 1.2, Seite 98 ff.

☑ Verwenden Sie für Ihre Anlagen eine Standard-Software und gebräuchliche Dateiformate, z. B. doc-Dateien oder Dateien im PDF-Format (Portable Document Format). Vermeiden Sie den Einsatz der neuesten Version eines Programms, über die der Empfänger möglicherweise noch nicht verfügt.

☑ Verzichten Sie in der Regel auf Video- und Audio-Dateien. Eine Bewerbung darf dem Empfänger nicht mehr Arbeit verursachen als unbedingt nötig.

☑ Achten Sie auf den Umfang. Es sollten unnötig lange Download-Zeiten vermieden werden.

4.2 Bewerbung über ein Onlineformular

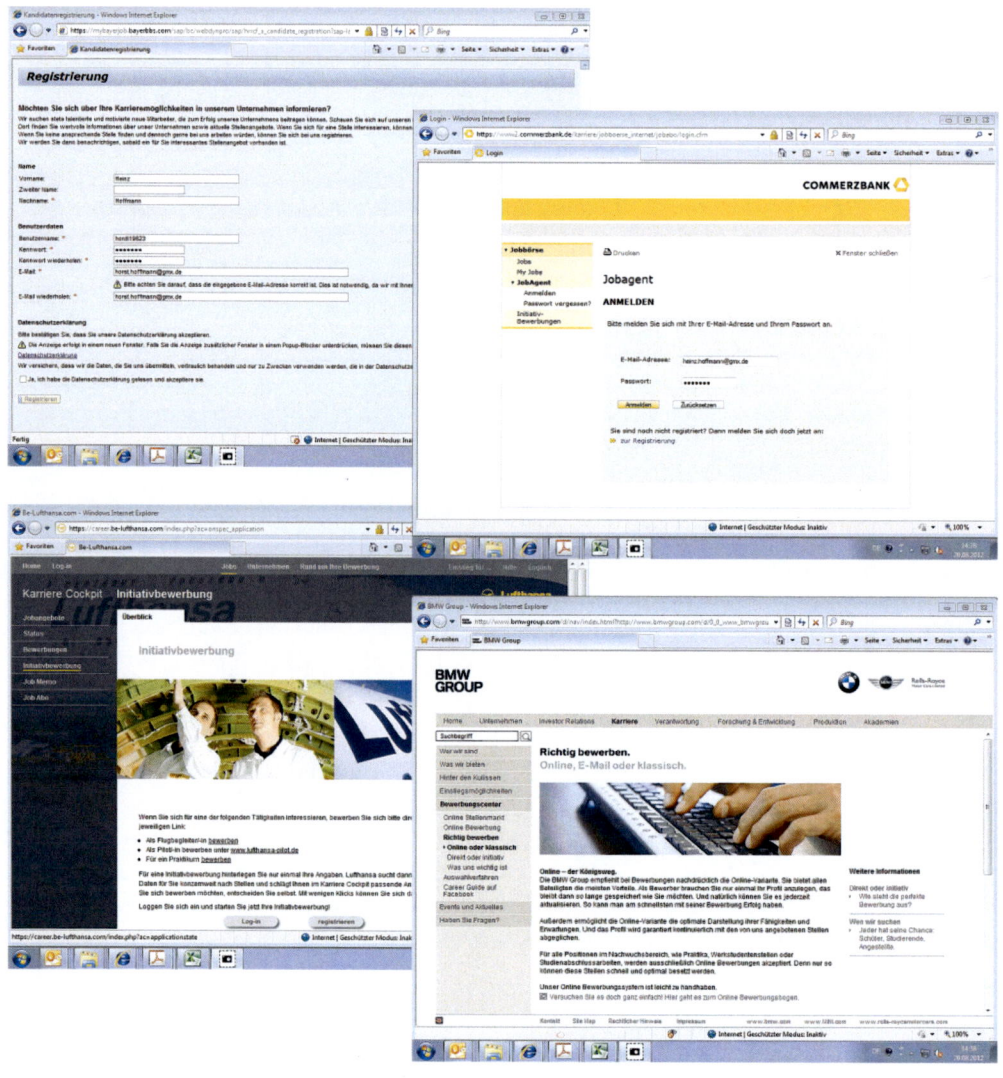

Um den Umgang mit E-Mail-Bewerbungen zu rationalisieren, stellen manche Unternehmen Bewerbungsformulare zur Vorauswahl der Bewerber als Websites in ihre Internetpräsenz ein. Diese Formulare können unmittelbar online bearbeitet werden. Die Bandbreite der Fragen variiert dabei erheblich. In der Regel erhält der Bewerber sofort eine Empfangsbestätigung per E-Mail.

Die Unternehmen setzen solche Onlinefragebögen ein, um das Bewerbungsverfahren zu rationalisieren. Die eingehenden Bewerbungen werden direkt an die richtige Stelle weitergeleitet. Außerdem wird auf diesem Wege sichergestellt, dass den Unternehmen alle entscheidungsrelevanten Informationen über den Bewerber vorliegen. So kann die Zeitspanne von der Stellenausschreibung bis zur Besetzung der Stelle erheblich reduziert werden.

Oft werden die eingegebenen Daten der Bewerber über eine spezielle Software mit den Anforderungskriterien des Unternehmens automatisch verglichen. Ungeeignete Kandidaten werden in Sekundenschnelle herausgefiltert. Bei solchen Auswahlverfahren wird dem Bewerber leider die Möglichkeit genommen, sich individuell zu präsentieren. Und es besteht zudem die Gefahr, dass gewisse Personengruppen, wie z. B. Quereinsteiger, durch das Raster einer elektronischen Vorauswahl fallen. Entspricht der Bewerber nicht den Mindestanforderungen, erhält er automatisch eine Absage.

4.3 Bewerbung über eine eigene WWW-Präsentation

Wenn man über einen eigenen Internetauftritt verfügt, ist es vorteilhaft, Lebenslauf, Lichtbild, Zeugnisse und andere Dateien zum Downloaden anzubieten. Diese persönliche Internetpräsenz sollte allerdings den allgemeinen optischen Ansprüchen entsprechen. Bei jedem kurzen Bewerbungs-Erstkontakt (per E-Mail, per Telefon oder per Onlineformular) verweist die Bewerberin dann auf ihre Webadresse (URL).

Bei der Programmierung der eigenen Websites ist u. a. auf Folgendes zu achten:

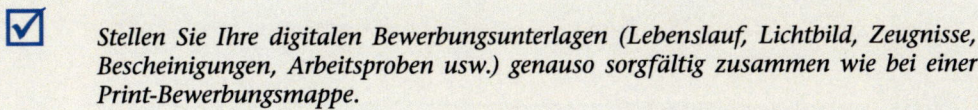 *Stellen Sie Ihre digitalen Bewerbungsunterlagen (Lebenslauf, Lichtbild, Zeugnisse, Bescheinigungen, Arbeitsproben usw.) genauso sorgfältig zusammen wie bei einer Print-Bewerbungsmappe.*

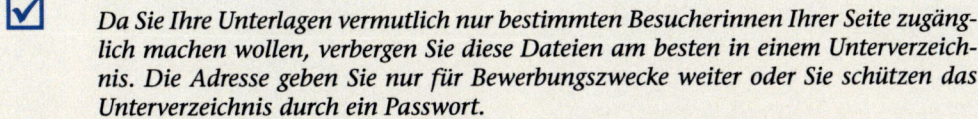 *Da Sie Ihre Unterlagen vermutlich nur bestimmten Besucherinnen Ihrer Seite zugänglich machen wollen, verbergen Sie diese Dateien am besten in einem Unterverzeichnis. Die Adresse geben Sie nur für Bewerbungszwecke weiter oder Sie schützen das Unterverzeichnis durch ein Passwort.*

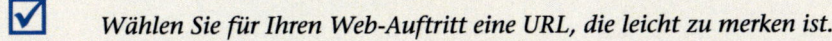 *Wählen Sie für Ihren Web-Auftritt eine URL, die leicht zu merken ist.*

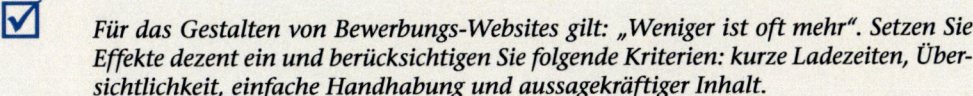 *Für das Gestalten von Bewerbungs-Websites gilt: „Weniger ist oft mehr". Setzen Sie Effekte dezent ein und berücksichtigen Sie folgende Kriterien: kurze Ladezeiten, Übersichtlichkeit, einfache Handhabung und aussagekräftiger Inhalt.*

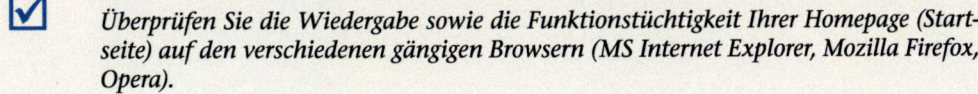 *Überprüfen Sie die Wiedergabe sowie die Funktionstüchtigkeit Ihrer Homepage (Startseite) auf den verschiedenen gängigen Browsern (MS Internet Explorer, Mozilla Firefox, Opera).*

Denken Sie daran, dass Sie mit Ihrer Website bereits eine Arbeitsprobe ablegen. Vor allem für den Webdesign-Bereich und für andere kreative Berufsfelder können Sie durch die selbst gestaltete Webseite multimedial bzw. interaktiv einen Eindruck von Ihrer Stilrichtung, Ihrer Qualifikation und Ihrem Können vermitteln. Aber auch wenn Sie sich nicht im kreativen Bereich bewerben, beweisen Sie mit Ihrer Seite, dass Sie sich mit diesem modernen Medium gut auskennen.

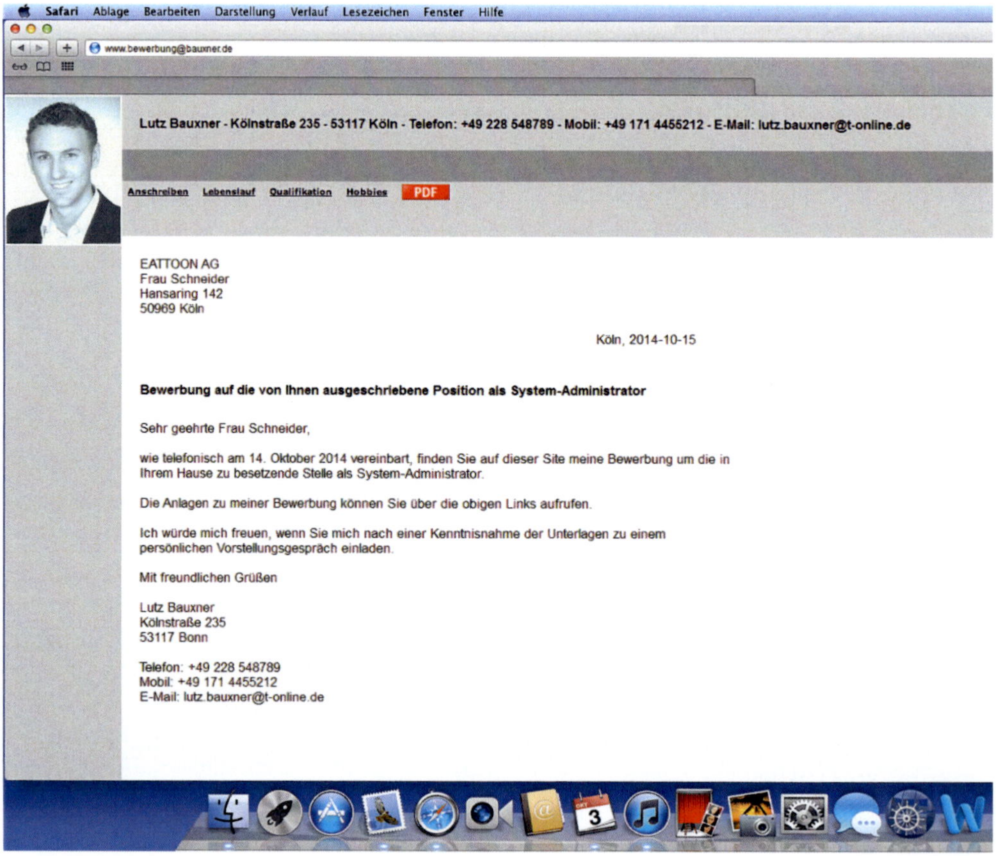

Safari Ablage Bearbeiten Darstellung Verlauf Lesezeichen Fenster Hilfe

www.bewerbung@bauxner.de

Lutz Bauxner - Kölnstraße 235 - 53117 Köln - Telefon: +49 228 548789 - Mobil: +49 171 4455212 - E-Mail: lutz.bauxner@t-online.de

Anschreiben   Lebenslauf   Qualifikation   Hobbies   PDF

EATTOON AG
Frau Schneider
Hansaring 142
50969 Köln

Köln, 2014-10-15

Bewerbung auf die von Ihnen ausgeschriebene Position als System-Administrator

Sehr geehrte Frau Schneider,

wie telefonisch am 14. Oktober 2014 vereinbart, finden Sie auf dieser Site meine Bewerbung um die in Ihrem Hause zu besetzende Stelle als System-Administrator.

Die Anlagen zu meiner Bewerbung können Sie über die obigen Links aufrufen.

Ich würde mich freuen, wenn Sie mich nach einer Kenntnisnahme der Unterlagen zu einem persönlichen Vorstellungsgespräch einladen.

Mit freundlichen Grüßen

Lutz Bauxner
Kölnstraße 235
53117 Bonn

Telefon: +49 228 548789
Mobil: +49 171 4455212
E-Mail: lutz.bauxner@t-online.de

Zusammenfassung

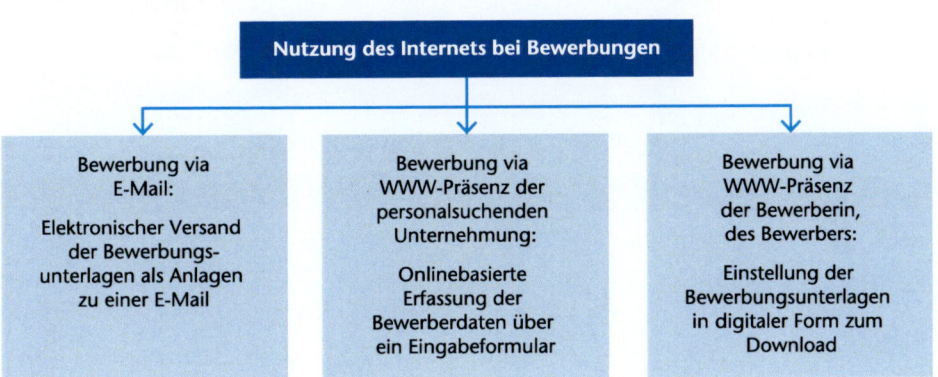

Übungen

1. Erstellen Sie eine Übersicht über die Vor- und Nachteile der Onlinebewerbung gegenüber der herkömmlichen Bewerbung via Briefpost.

2. Surfen Sie im Internet. Suchen Sie Stellen, die für Sie persönlich geeignet sind (z. B.: jobboerse.arbeitsagentur.de, www.stepstone.com). Erstellen Sie eine Onlinebewerbung per E-Mail. Verfassen Sie das Bewerbungsschreiben als E-Mail und bereiten Sie eine digitale Bewerbungsmappe vor.

F Situationsaufgaben zur Prüfungsvorbereitung

1 Marketing

1. **Absender:** Schuster KG, Industriestraße 11–17, 46119 Oberhausen
   Empfänger: Doris Heistermann, Höhenweg 25, 60385 Frankfurt
   Die Schuster KG hat eine Anzeige mit folgendem Einleitungstext aufgegeben:
   „FREIE/R HANDELSVERTRETER/IN GESUCHT FÜR POSTLEITZAHLENGEBIET 6".
   Auf dieses Inserat meldet sich u. a. Frau Doris Heistermann. In ihrem Schreiben vom
   17. Januar 20.. weist sie auf ihre langjährige Erfahrung in der Branche hin und bringt
   ihr Interesse an der Übernahme der inserierten Vertretung zum Ausdruck. Außerdem
   bittet sie um nähere Informationen (z. B. Produkte, Kundenkreis, Provision, Umsatz-
   zahlen, möglicher Beginn der Tätigkeit).

Arbeitsauftrag

*Verfassen Sie unter dem Datum vom 25. Januar 20.. das Antwortschreiben der Schuster KG an
Frau Doris Heistermann (weitere Angaben nach eigener Wahl).*

2. **Absender:** Schneider GmbH, Industriestraße 65–67, 39126 Magdeburg
   Empfänger: Großhandlung Küster GmbH, Erfurter Straße 13, 04155 Leipzig
   Die Großhandlung Küster GmbH hat ihren langjährigen Lieferer, die Industrie-
   unternehmung Schneider GmbH, mit einem Brief vom 4. März 20.. aufgefordert, die
   zum 1. Juni angekündigte Preiserhöhung von 5 % nicht vorzunehmen. Als Begründung wird die günstigere Preisgestaltung einiger namhafter Mitbewerber angeführt.
   Gleichzeitig weist die Großhandlung darauf hin, dass sie die derzeitigen Lieferungs-
   und Zahlungsbedingungen als wenig kundenfreundlich empfindet, zumal die Auftragswerte in den letzten drei Jahren um jeweils 10 % gestiegen sind.
   In ihrem Antwortbrief will die Schneider GmbH ihrem Großhändler mitteilen, dass
   an der geplanten Preiserhöhung festgehalten wird. Gleichzeitig soll dem Kunden jedoch mit einer attraktiveren Gestaltung der Lieferungs- und Zahlungsbedingungen
   entgegengekommen werden (z. B. gestaffelte Mengenrabatte, umsatzabhängige Trans-
   portkostenvereinbarung).

Arbeitsauftrag

*Verfassen Sie unter dem Datum vom 10. März 20.. das Schreiben an die Großhandlung. Begrün-
den Sie die Preiserhöhung und bieten Sie kundenfreundlichere Konditionen an (weitere Angaben
nach eigener Wahl).*

2   Abwicklung eines Kaufvertrages

Anfrage

1. Absender: Büromöbel GmbH, Thüringer Straße 136, 99427 Weimar
Empfänger: Möbelfabrik Schmitt KG, Industriepark 23–27, 33100 Paderborn
Die Büromöbel GmbH will ihr Sortiment erweitern. Einige dieser Produkte sollen aber nicht selbst hergestellt, sondern als Handelsware bezogen werden.

Arbeitsauftrag

Verfassen Sie unter dem heutigen Datum eine ausführliche Anfrage an die Schmitt KG (Erzeugnisse und weitere Angaben nach eigener Wahl).

Angebot

2. Absender: Druckerei Altmann GmbH, Neue Str. 56, 21335 Lüneburg
Empfänger: Elektrofachhandel Dieter Schäfer KG, Elisenstr. 43, 22087 Hamburg
Der Elektrofachhandel hat bei der Druckerei angefragt, ob die Lieferung von 6 000 Prospekten noch zu den Bedingungen des letzten Auftrages möglich ist. Die letzte Bestellung erfolgte aber vor 13 Monaten. Aufgrund von Kostensteigerungen ist der alte Preis nicht mehr zu halten. Durch eine verbesserte Drucktechnik kann die Lieferzeit jedoch auf sieben Tage verringert werden. An den übrigen Lieferungs- und Zahlungsbedingungen hat sich nichts geändert.

Arbeitsauftrag

Verfassen Sie mit dem Datum des heutigen Tages ein ausführliches Angebot (weitere Angaben nach eigener Wahl).

Bestellung

3. Absender: Textilhaus Schmitz KG, Böttchergasse 12, 07545 Gera
Empfänger: Texpoint GmbH, Märkische Str. 17, 47809 Krefeld
Dem Textilhaus liegt ein Katalog der Texpoint GmbH vor. Für eine Sonderaktion bestellt das Textilhaus:
- 250 Stück Handtücher, Nr. 2345, Stückpreis 12,50 EUR
- 300 Stück Badetücher, Nr. 2365, Stückpreis 25,80 EUR
- 150 Stück Bademäntel, Nr. 3456, Stückpreis 98,00 EUR

Da die Sonderaktion in der 12. Kalenderwoche durchgeführt wird, muss die Lieferung spätestens in der 10. Woche erfolgen. Weiterhin geht das Textilhaus davon aus, dass es 10% Mengenrabatt und 3% Skonto bei Zahlung innerhalb von zehn Tagen erhält. Die Lieferung muss frei Haus erfolgen.

Arbeitsauftrag

Schreiben Sie die Bestellung mit Datum vom 21. Februar 20..

Ablehnung einer Bestellung

4. Absender: Stahlbau Schneider AG, Hüttenstr. 35–37, 44287 Dortmund
Empfänger: Schuster Kesselbau GmbH, Nordstr. 61, 03044 Cottbus

Die Stahlbau Schneider AG hat der Schuster Kesselbau GmbH am 5. Juni 20.. ein Angebot über 5 000 t Formstahl und Grobbleche mit insgesamt 50 verschiedenen Abmessungen unterbreitet. Im Angebot wird darauf hingewiesen, dass die angebotenen Preise nur bei ungeteilter Bestellung und Versendung in einer Partie gelten. Das Angebot hat eine Gültigkeitsdauer bis zum 5. Juli 20..

Der Kunde bestellt am 30. Juni 20.. 2 500 t. Da die Kalkulation der Schneider AG von 5 000 t ausgeht, kann sie den Auftrag so nicht annehmen, ist aber weiterhin stark an dem Auftrag interessiert.

Arbeitsauftrag

Schreiben Sie mit Datum vom 2. Juli 20.. an die Schuster Kesselbau GmbH, begründen Sie die Ablehnung des Auftrages und unterbreiten Sie geeignete Gegenvorschläge.

Widerruf einer Bestellung

5. Absender: Modehaus Andrea Allmann e. K., Marktstr. 100, 46045 Oberhausen
Empfänger: Textilwerke GmbH, Industriestr. 10, 47803 Krefeld

Am 12. Oktober 20.. hat das Modehaus den Hosenanzug „Costa Sol", Modell-Nr. 0010, Größe 40, 890,00 EUR, und den Mantel „Spain", Modell-Nr. 0020, Größe 42, 850,00 EUR, für eine Stammkundin bei den Textilwerken bestellt. Es wurde um baldige Zusendung gebeten, da die Kundin in nächster Zeit eine längere Reise antreten will.

Am 16. Oktober 20.. erfolgte per Fax der Widerruf der Bestellung.

Die Stammkundin ist schwer erkrankt und kann die Reise in absehbarer Zeit nicht durchführen; Anzug und Mantel sind an andere Kundinnen nur schwer verkäuflich.

Arbeitsauftrag

Schreiben Sie mit Datum vom 17. Oktober 20.. an die Textilwerke. Begründen Sie den Widerruf, bitten Sie um Kulanz und kündigen Sie künftige Ersatzaufträge an.

Mängelrüge

6. Absender: Großhandlung Egon Schmidt KG, Kopernikusstr. 120, 19063 Schwerin
Empfänger: Karl Hüls GmbH & Co. KG, Teestr. 10, 28755 Bremen

Die Karl Hüls GmbH & Co. KG ist der bedeutendste Lieferer der Großhandlung Egon Schmidt KG. Die Bestellungen werden über einen Handelsvertreter abgewickelt. Zum dritten Mal hintereinander erhält die Großhandlung eine mangelhafte Warenlieferung. Ein Teil der Artikel ist zu reduzierten Preisen noch verkäuflich, andere Artikel sind vollkommen unbrauchbar.

Arbeitsauftrag

Schreiben Sie unter dem heutigen Datum die Mängelrüge (weitere Angaben nach eigener Wahl).

Annahmeverzug

7. Absender: Papiergroßhandlung Schiffmann KG, Industriestraße 125, 39126 Magdeburg

Empfänger: Druckerei Zeit-Druck GmbH, Schuhmannstraße 45, 13469 Berlin

Von der beauftragten Spedition erfährt die Papiergroßhandlung, dass die Druckerei eine ordnungsgemäß gelieferte Sendung Papier nicht angenommen hat. Die Ware befindet sich zurzeit im Lagerhaus der Spedition.

Arbeitsauftrag

Verfassen Sie unter dem heutigen Datum einen Brief an die Druckerei. Weisen Sie in diesem Schreiben auch auf mögliche Rechtsfolgen für den Fall der Annahmeverweigerung hin (weitere Angaben nach eigener Wahl).

Zahlungsverzug

8. Absender: Glashütte Wolter KG, Hornstr. 45, 07745 Jena

Empfänger: Glas und Fensterbau Müller GmbH, Kapellenstr. 78, 51381 Leverkusen

Die Müller GmbH schuldet der Glashütte aus drei Warenlieferungen insgesamt 56 000 EUR. Trotz zweimaliger Mahnung erfolgte keine Reaktion. Die Müller GmbH hat in der Vergangenheit mehrere Glassendungen von der Glashütte bezogen, ohne dass es zu Störungen bei der Abwicklung der Verträge kam.

Arbeitsauftrag

Verfassen Sie unter dem heutigen Datum die dritte Mahnung (weitere Angaben nach eigener Wahl).

Lieferungsverzug

9. Absender: Ladenbau Form & Raum GmbH, Sedanstr. 34, 32756 Detmold

Empfänger: ELS Reifen-Service GmbH, Turnerstr. 79, 49076 Osnabrück

Die Form & Raum GmbH hat bei der ELS Reifen-Service GmbH am 15. Oktober 20.. 10 Sätze Reifen bestellt. Sie sollten bis Ende Oktober geliefert werden. Am 2. November 20.. sind die Reifen noch nicht eingetroffen. Die Form & Raum GmbH hat mittlerweile erfahren, dass sie die Reifen kurzfristig und zu günstigeren Bedingungen bei einem anderen Reifendienst beziehen kann.

Arbeitsauftrag

Verfassen Sie unter dem Datum vom 3. November 20.. das Schreiben an die ELS Reifen-Service GmbH.

3   Personalangelegenheiten

1. **Absender:**   Ilse Schneider, Tagewerbener Str. 15, 06667 Weißenfels
   Empfänger: Media-Tech GmbH, Oststr. 67, 04317 Leipzig

Tochtergesellschaft einer amerikanischen Software-Unternehmung
mit Sitz in Leipzig sucht zum

1. April 20..

eine SEKRETÄRIN für die Geschäftsleitung.

Bewerbungen mit den nötigen Anlagen werden erbeten an:

Media-Tech GmbH
Frau Smith
Oststraße 67
04317 Leipzig

Arbeitsauftrag

Verfassen Sie das Bewerbungsschreiben auf die obige Anzeige. Analysieren Sie die Anzeige genau und stimmen Sie den Bewerbungsbrief auf das Inserat ab (weitere Angaben nach eigener Wahl).

2. **Absender:**   Holzbau Langer GmbH, Hohe Str. 69, 06847 Dessau
   Empfänger: Holger Eschmann, Stocksgasse 12, 06846 Dessau

Arbeitsauftrag

Schreiben Sie mit heutigem Datum für die Leiterin der Personalabteilung der Langer GmbH die Mitteilung an Herrn Holger Eschmann, dass er zum 1. August 20.. eine Ausbildung als Industriekaufmann beginnen kann (weitere Angaben nach eigener Wahl).

4   Privater Schriftverkehr

1. **Absender:**   Ihre persönlichen Daten
   Empfänger: Berufsschule der Stadt Mannheim, Hafenstraße 10, 68159 Mannheim
   Wegen einer fiebrigen Erkältung können Sie an drei Schultagen nicht am Berufsschulunterricht teilnehmen.

Arbeitsauftrag

Verfassen Sie das normgerechte Entschuldigungsschreiben an Ihren Klassenlehrer.

2. **Absender:**   Ihre persönlichen Daten
   Empfänger: Ludwig-Erhard-Berufskolleg, Kölnstraße 235, 53117 Bonn
   Sie spielen in der 1. Mannschaft des KBC Bornheim. Mit Ihrer Mannschaft nehmen
   Sie an den westdeutschen Korbballmeisterschaften teil. Aus diesem Grund können
   Sie an vier Tagen die Schule nicht besuchen.

Arbeitsauftrag

Verfassen Sie den normgerechten Urlaubsantrag an Ihre Schulleiterin.

3. **Absender:**   Ihre persönlichen Daten
   Empfänger: Elektrohandlung Schneider GmbH, Breite Gasse 12, 99084 Erfurt
   Sie haben einen Blu-Ray-Player gekauft. Es wurde Ratenzahlung vereinbart. Nach
   §§ 355, 495, 503 BGB haben Sie das Recht, Ihre Bestellung innerhalb von zwei Wochen zu widerrufen. Von dieser Möglichkeit möchten Sie Gebrauch machen.

Arbeitsauftrag

Verfassen Sie den schriftlichen Widerruf. Welche Anlage/-n fügen Sie dem Schreiben bei? Welche Versendungsform sollten Sie in dieser Situation wählen?

Sachwortverzeichnis

Bildquellenverzeichnis

Bibliographisches Institut GmbH, Mannheim: S. 76

BilderBox.com, Thening/Österreich: S. 88

BMW Group, München: S. 110.4

Bundesagentur für Arbeit, Nürnberg: S. 95

Commerzbank AG, Frankfurt: 110.2

CosmosDirekt, Saarbrücken: S. 46

Deutsche Post AG, Bonn: S. 9.2, 22

Deutsche Lufthansa AG, Frankfurt: S. 110.3

DIN Deutsches Institut für Normung e. V., Berlin: S. 105

dpa picture-alliance/dpaweb, Frankfurt: S. 62.2

Elisabeth Galas/BV1, Köln: S. 98

Fotolia Deutschland GmbH, Berlin: S. 5.1 (kzenon), 5.2 (Mark Yulli), 5.4 (Yuri Arcurs), 9.1 (Amir Kaljikovic), 15 (Robert Kneschke) 35 (Andres Rodriguez), 36 (Walter-Wilhelm), 65.1 (Robert Kneschke), 65.2 (gajatz), 68.2 (kaspar-art), 69 (Matka Wariatka), S. 97.2 (Kzenon), S. 107.2 (pressmaster)

Horst Neuhaus, Bornheim: S. 63.1, 63.2, 68.1, 91, 93, 112

Jupp Wolter (Künstler), Haus der Geschichte, Bonn: S. 62.1

mauritius images GmbH, Mittenwald: S. 48 (Jean-Pierre Lescourret)

MEV Verlag GmbH, Augsburg: S. 17.1, 17.2, 20

Neopost GmbH, Olching bei München: S. 8, 9.3

Postbank AG, Bonn: S. 45

Project Photos GmbH & Co. KG, Walchensee: S. 92

stellenanzeigen.de GmbH & Co. KG, München: S. 107.1

Umschlagfoto: Fotolia Deutschland Gmbh, Berlin: Yuri Arcurs